CAMARA LAYE

L'Enfant noir

D1099087

CAMARA LAYE
L'ENFANT NOIR

EDITED BY JOYCE A. HUTCHINSON

PUBLISHED BY BRISTOL CLASSICAL PRESS
GENERAL EDITOR: JOHN H. BETTS
FRENCH TEXTS SERIES EDITOR: EDWARD FREEMAN

Cover illustration: Photograph by Alison Bacon

This edition first published in 1966 by Cambridge University Press
Published in 1994, by arrangement with the Syndics of
the Cambridge University Press, by
Bristol Classical Press
an imprint of
Gerald Duckworth & Co. Ltd
The Old Piano Factory
48 Hoxton Square, London N1 6PB

Camara Laye, *L'enfant noir* © 1953 by Librairie Plon
Introduction and notes © 1966 by Cambridge University Press

A catalogue record for this book is available
from the British Library

ISBN 1-85399-408-1

Available in USA and Canada from:
Focus Information Group
PO Box 369
Newburyport
MA 01950

Printed in Great Britain by
Booksprint, Bristol

CONTENTS

GUINÉE

vi

INTRODUCTION

Camara Laye was born on 1 January 1928 at Kouroussa, an ancient city on the banks of the headwaters of the river Niger, in the great plain of upper Guinea (see map, p. vi). Kouroussa, which is geographically part of the western Sudan, has known historical civilisation for a thousand years or more and its inhabitants (estimated at 8000 in 1939) are still deeply rooted in the traditions of Islam and ancient African customs. Although it was conquered and administered by France, French Guinea forming part of former French West Africa, the impact of French civilisation was probably more superficial than in a modern city such as Dakar, and life continued, under the French administration, in its immemorial way.

Kouroussa, as will be seen from the map, is far into the interior of Guinea, on the rich fertile plain. The capital, Conakry, 600 kilometres away on the coast, is as unknown and strange to many of the inhabitants of the interior as if it were in another country. This can be seen from the extreme apprehension felt by Laye's mother when he first went away to school there. In the same chapter (9), Laye describes his journey to the coast. The railway from Kouroussa first crosses the mountains of the Fouta-Djallon, a massif which divides the plain of upper Guinea from the coastal area. This is the country of the Peuls, who are thought to be of Berber or Ethiopian origin and who founded the 'Ghana' Empire in the tenth century in Senegal. When they were driven out by invading tribes they settled further south in Guinea, the Sudan, Dahomey, Niger, etc. After passing through the beautiful mountainous country between Mamou and Kindia, the route descends to the coast and the capital, Conakry, where yet another dialect, Soussou, is spoken. For people accustomed to modern means of communication, this 'odyssey' of nearly 400 miles may not seem unusual. But for a child deeply rooted in his own ancient culture, it was like a voyage to a new world, passing as it does, through different kinds of scenery, climatic conditions, tribal regions and even different languages. Laye's description of his first sight of the sea, 'le spectacle le plus étonnant qu'on pût voir', aptly characterises the enormous distance he had travelled.

The Camara family belong to the Malinké tribe, a still mainly agrarian people, practising the Islamic religion in harmony with their own ancient traditions. This negro tribe founded the powerful 'Mali' Empire in 1236 and was at the height of its power in the fourteenth century. Laye's father was the town's leading blacksmith and goldsmith and a person of considerable importance. Laye himself has explained elsewhere[1] the importance of the blacksmith-goldsmith in Malinké civilisation: 'le forgeron-sculpteur était prêtre—il exerçait beaucoup plus qu'une pure activité artisanale'. He speaks of 'un temps où l'art du forgeron passait de loin tous les autres, était plus noble que les autres, était très réellement un art noble, un art de chef de mage, un art en vérité qui requiert plus de connaissance et d'habileté que les autres'. This connection of the trade with the deeper mysteries of magic and religion is also emphasised by L. S. Senghor in his explanations of the philosophy of Négritude:[2] 'Les activités techniques sont toujours ici [i.e. in Africa] liées aux activités culturelles et religieuses: à l'art et à la magie — sinon à la mystique — et celles-ci y occupent

[1] From a paper read at a Colloque sur la littérature africaine d'expression française. Faculté des Lettres de Dakar, 26–29 March 1963.
[2] De la Négritude, extract from Diogène, no. 37 (1962).

sur celles-là, singulièrement sur le travail productif, une place majeure.' The reader will be struck immediately in the description of the goldsmith at work, in chapter 2, by the ritual and custom to be observed in the making of a small gold ornament. The complete silence and respect with which the apprentices and others watch the work give some idea of its importance—the author speaks of 'l'attention comme religieuse' with which they watched. He also implies, without understanding it himself, a mysterious connection between his father and the gold; he speaks of incantations and of genii which could be summoned only by his father, who appears as a kind of high-priest.

In *l'Enfant Noir*, there is no direct description of the sculpture or carving which was also part of the goldsmith's work, although the author does refer to his father's 'travaux de sculpteur'. Elsewhere he tries to probe the mystery behind his father's impulse to carve in wood or metal. The role of carvings and carvers, already indicated by Laye and Senghor, is equally important in other African societies. 'In the olden days the carvers had a special function in the life of the community. A carver of a village used to do carvings for the villagers, sometimes for an initiation ceremony, at other times for crop fertility and sometimes for a war dance. The carver was proud to serve his village in this special function, which he would have inherited from his father. He would know what tree to carve for what purpose, the size, whether the carving should be done when the tree was dead or living. Sometimes a carving was the dwelling place of a god and sometimes of spirits. The gods in the heavens had to be appealed to by the villagers through carvings.'[1] Here again the priestly role of the carver or craftsman and the mysterious affinity which he has with his material, be it wood or metal, can be seen.

[1] S. J. Ntiro, 'East African Art', *Tanganyika Notes and Records*, no. 61, p. 123.

Laye's mother came from Tindican, a small village near Kouroussa, where her father had also been an able smith. Her brothers, Laye's uncles, had preferred to become farmers and his visits to them and to his maternal grandmother give an insight into the agricultural life of upper Guinea. His mother, however, had inherited the mysterious powers of her 'caste' 'qui fournit la majorité des circonciseurs et nombre de diseurs de choses cachées'. He gives some examples of his mother's powers and of her authority and the respect and even awe in which she was generally held. He also explains how her family, the Daman, had for its totem the crocodile, which allowed his mother to draw water from the Niger in flood without risk or danger. After the circumcision ceremonies, he discovers that the 'circonciseur' was also a Daman, a relative of his mother, carrying on the traditional occupation of the family.

Both Laye's parents were, therefore, people of consequence, who merited and received respect from their fellows. Both possessed certain mysterious powers, which the child only partly understood, but which gave them a position in the community beyond that of their material occupations. Laye grew up, therefore, in well-established and settled surroundings, in a traditional way of life not greatly troubled by European influences. In his own society he might almost be said to belong to the privileged classes— if it is possible to talk of 'privilege' in a society which is essentially communal. It is important to realise that the child who went first to Conakry, and then to Paris, did not go 'empty-handed'; that he was by no means a 'backward' peasant admitted to the privileges of Western education. In fact, a constant theme of the book is doubt about the advantages of this uprooting and the value of the education. This doubt is most strongly felt by his mother, but although he and his father accept the move as necessary, they and, in particular, the author, are still doubtful about the price that

has to be paid in the loss of traditions and traditional know-
ledge of African roots. The idea that the African has his own
contribution to make to the ideal fusion of the two cultures,
African and European, recurs frequently in African writing,
especially in that of the supporters of 'Négritude'. 'L'occident ne doit pas — ne doit plus — oublier que l'Afrique ne
vient pas les mains vides à sa rencontre; elle apporte un
génie organisateur du monde et de l'homme, un human-
isme que la France peut regarder comme la colonne
vertébrale de l'homme dont elle vient pétrir le limon',
writes Maximilien Quenum of Dahomey,[1] and in the
same work, describing traditional education, 'Ce qui est
en grande estime et que l'éducation s'efforce de placer
au centre de l'âme de l'adolescent, c'est cet héritage
spirituel des ancêtres, ce legs sacrosaint que repré-
sentent les organisations spirituelles, sociales, économiques
et religieuses des morts. De cette source est sortie l'âme
africaine.'

Laye himself **had** no doubts about the value of his traditional way of life; his memories of his childhood and his
family are almost sacred; his only regret is that he left too
early to understand all the mysteries and that he will now
never understand them. But the other doubt and the un-
certainty exist—the doubt as to whether he was right to
leave, the feeling of being uprooted. From the beginning
he has, as it were, a foot in two worlds: first in the town and
the country, where he feels different from the country boys;
and later in Africa and Europe. In this Laye is one of many
of his generation who were the victims of a transition too
abrupt to be easily assimilated and many of whom, like
himself, later returned to seek out their origins and traditions which, it seemed, they had been taught to deny.
'Comment, sans déchirement, sans rupture, aller vers la
civilisation du savoir sans rejeter celle de l'intuition, sans

[1] *Afrique Noire, rencontre avec l'Occident.*

trahir sa négritude?', is the question asked, and Maximilien Quenum writes, 'l'école et l'éducation ont entamé dans l'esprit de l'Africain toutes les valeurs qui ont contribué avec l'aide des siècles, à jeter les bases juridiques, morales et religieuses de son existence....L'évolué est comme "déraciné" de son milieu; — et à quel sol nouveau va-t-il se fixer?'[1] This is the dilemma which Laye shares with many of his contemporaries in Africa.

Education

Laye was educated first at the local Koran school and then at the local government primary school, of which he gives an amusing account, critical but never bitter, which shows also the value placed on education by the parents. He then went to the Technical College in Conakry. Here, at first, he felt he had taken the wrong path and would have preferred the academic education offered by the 'lycée'. 'Il me sembla que je retournais plusieurs années en arrière', he says, and complains to his uncle, 'Mais je ne veux pas devenir un ouvrier — Je ne veux pas qu'on me méprise.' Thanks to the wise advice of his uncle, he stays at the Technical College and, after losing much of the first year through illness, which was probably caused partly by homesickness, partly by dissatisfaction, he makes good there. This preference for an academic education leading, supposedly, to 'white collar' jobs is common in young Africans and is indeed not unknown in Europe; how many European parents would give such sensible advice as that given to Laye by his uncle Mamadou?

From Conakry Laye proceeded with a scholarship to continue his studies at Argenteuil, near Paris. When funds ran out, he was obliged to interrupt his studies and work in the Simca motor factories to earn enough money to continue. While working he attended evening classes, became

[1] *Afrique Noire, rencontre avec l'Occident.*

enthusiastic about jazz music, particularly in relation to his own folk music, and formed a small band.

L'Enfant Noir, memories of his childhood until his departure for France, was first published in Paris in 1953 and another novel, *Le Regard du Roi*, in 1954. *L'Enfant Noir* was awarded the 'Prix Charles Veillon' in 1954.

In 1956 Laye returned to Guinea, which was very different from the country of his childhood. He fell foul of the dictator Sékou Touré and was exiled to Senegal, where he died in 1979.

GENESIS OF 'L'ENFANT NOIR'

The author himself explained how he came to write the book, when he was living in Paris, poor, lonely, cold, homesick, far from his home and family. 'Vivant à Paris, loin de ma Guinée natale, loin de mes parents, et y vivant depuis des années dans un isolement rarement interrompu, je me suis transporté mille fois par la pensée dans mon pays, près des miens.... Et puis, un jour, j'ai pensé que ces souvenirs, qui à l'époque étaient dans toute leur fraîcheur, pourraient, avec le temps, sinon s'effacer — comment pourraient-ils s'effacer? — du moins s'affaiblir. Et j'ai commencé de les écrire. Je vivais seul, seul dans ma chambre d'étudiant pauvre, et j'écrivais: j'écrivais comme on rêve; je me souvenais; j'écrivais pour mon plaisir; et c'était un extraordinaire plaisir, un plaisir dont le cœur ne se lassait pas.'[1]

It is important to remember that Laye started to write his memories simply for pleasure and as an antidote to homesickness. He had, at that time, no idea whatsoever of publishing these memories. He was preoccupied merely with earning enough money to finish his studies and return to Guinea. The memories were, therefore, not written in

[1] From a paper read at a Colloque sur la littérature africaine d'expression française. Faculté des Lettres de Dakar, 26–29 March 1963.

book form but, as he describes, on scraps of paper and loose leaves, as he remembered incidents and events. 'Et tout mon travail, toute ma rêverie de ce temps-là, n'était pas du tout un livre: c'était un invraisemblable tas de feuillets et de notes hâtives, sans ordre, sans suite; des choses écrites au gré du souvenir, et avec la fantaisie même où les souvenirs affluent en nous.' A friend one day casually suggested publishing the memories as a book; Laye was astounded; he had never thought of himself as a writer, 'Si encore, au lieu de me diriger vers la mécanique, j'avais choisi les lettres! me disais-je, mais non! j'avais choisi les machines, les épures, les équations. . . .' However, the idea took root and he drafted a chapter which he showed to his friend, who encouraged him to continue, while recommending the study of Flaubert's style, particularly *l'Éducation Sentimentale.* Later, an approach to a publisher's reader produced an unexpectedly favourable reaction and Laye began to re-examine his work with the idea of turning it into a book. This, he says, was only the beginning of his difficulties and he confesses that he might never have finished the task if he had not realised that 'je traçais de ma Guinée natale un portrait qui, certainement, ne serait pas celui de la Guinée de demain — qui déjà n'est plus celui de la Guinée d'aujourd'hui'.

Having, in this way, accepted the idea of presenting his private memories as the record of an ancient, fast-disappearing civilisation, he searched for the dominating characteristics of this civilisation. This first led him to *le Mystère*, which he considers fundamental. The notes already given on Laye's parents show how important the mystical element was in his background. As Senghor points out, the material occupations were less important than the hidden mysteries attached to them. Senghor writes,[1] 'Mais qu'est-ce à son tour que le monde magique? C'est le monde par delà le

[1] *De la Négritude*, extract from *Diogène*, no. 37 (1962).

monde visible des apparences, qui n'est rationnel que parce que visible, mesurable. Ce monde magique est pour le Négro-africain plus réel que le monde visible: il est sous-réel. Il est animé par des forces invisibles qui régissent l'univers et dont le caractère spécifique est qu'elles sont harmonieusement liées par sympathie, d'une part, les unes aux autres, d'autre part, aux choses visibles et apparentes.' The existence of these 'forces invisibles' is apparent in all the incidents described by Laye; the snake in his father's workshop, the goldsmith's work, his mother's strange powers, the initiation ceremonies, etc. Laye himself does not pretend, or even hope, to understand these mysteries— but it is sufficient for him to accept their existence. In some instances, Laye himself discovers the logical explanation of certain mysteries, as for example the lions at the initiation ceremony, but for him this, and he calls it 'mystification' rather than 'mystère', does not detract from the importance of the custom. In other cases, such as the relationship between his father and the snake, or between his father and the gold he is working, he finds no explanation and does not seek one. What he calls 'une union comme mystique avec les êtres et les choses' is part of the civilisation which he accepts as his own.

Having started with le Mystère, his search then led him to l'Amour, which he considers almost more important. This love pervades everything in African society: human relationships, which extend the limits of the family, the tribe, the race. This can be seen in his father's compound, in the treatment of the apprentices, in the way in which he always finds some link, some relationship on his journey and is received by his uncle's family as a son. This importance of community feeling is fundamental to African society and is emphasised by other writers, for example Maximilien Quenum, who distinguishes European from African society:[1]

¹ *Afrique Noire, rencontre avec l'Occident.*

9

'D'un côté, c'est le culte individuel de la personne; de l'autre, le primat de la communauté.' This love is then extended to their country, 'à notre immense plaine, à notre grand fleuve', creating a much greater degree of identification of self with surroundings than would normally be found in Europe. Hence the feeling of being uprooted, the intense homesickness which the African feels when he is separated from this mysterious communication between himself and his country. This love is then extended towards inanimate objects, 'les arbres et les cultures', as part of the same mystical union, and through them to the world beyond; 'les arbres et les cultures, mais aussi, les génies qui veillaient sur ces arbres et ces cultures, les animaux, mais aussi nos totems; les hommes; mais aussi nos ancêtres; le ciel, mais Dieu aussi'. The important part played by the ancestors and the dead, although not very much stressed in *l'Enfant Noir*, is essential to African philosophy and is an extension of the ideas of le *Mystère* and *l'Amour* which Laye finds at the roots of his civilisation. The two ideas are complementary. Boubou Hama, a writer from Niger,[1] sums up: 'La vie, chez le Noir, s'exprime par une participation au rhythme de la Nature....Qu'est-ce que l'Au-Delà, si ce n'est le correspondant, pour l'Africain Noir, tout au moins, sur un plan élevé, de notre vie ici-bas?'...'La conception de la vie de l'Africain noir est une communion permanente du monde et son reflet invisible parallèle à notre existence terrestre.'

This is the atmosphere, the state of mind, the civilisation which is being gradually swamped by the mechanical and industrial age and which Laye is trying to record before it is too late. The reader should not, however, lose sight of the real genesis of the book—one of the reasons why *l'Enfant Noir* is so easy, so delightful, so uncomplicated to read, is

[1] 'L'Unité de l'Afrique et son apport à la civilisation humaine.' *Afrique. Documents* (7 Aug. 1961).

that it was not written to fit or illustrate a preconceived theory, rather the theory was worked out after the book had written itself.

FRENCH AFRICAN LITERATURE—LA NÉGRITUDE

Recent years have seen an enormous output of poetry and prose written in French by Africans in countries which were formerly French colonies and are now independent countries. Many of the writers, like Laye, were educated in France, and were writing in exile. Most of their writing is influenced to a greater or lesser degree by the philosophy of 'Négritude', of which the greatest exponent is L. S. Senghor, President of the Republic of Senegal. To understand French African literature of the last forty years it is necessary to have some understanding of this philosophy. Briefly, it is based on a reversion from imposed European (French) culture, from 'assimilation' to European civilisation, and a turning back to and rediscovery of African values, African art and culture, so that négritude having been a reason for a feeling of inferiority, becomes something to be proud of. The French policy of 'assimilation' was carried out most thoroughly in Senegal and was to 'accept' the African provided that he accepted the standards of French civilisation. The effect of this policy was to turn the African mind back to the one insuperable factor—his blackness. The movement had in fact begun much earlier, as long ago as 1927, in Cuba, where it was called 'negrismo', and was developed in the work of Aimé Césaire, the West Indian poet, who coined the word 'négritude' in 1939 and became the inspiration and leader of the movement with his *Cahier d'un retour au Pays natal.* Césaire is also the author of the much-quoted 'motto' of Négritude, 'Blackness is not absence, but refusal'. Other leaders of the movement, writing in Paris in the 1930's and 1940's, were Senghor,

Damas of French Guiana, David Diop and Birago Diop. The pervading themes of their poetry are the destruction of ancient African culture by European colonialism; the contribution which Africa has made and can make to civilisation; the mysticism already described; the influence of the dead; the warmth and beauty of the African woman. This exaltation of the African personality is accompanied by a strong sense of rhythm and colour. In some writers, such as Damas and David Diop, the philosophy is expressed with great bitterness and an unrelenting hatred of all things European. Others express the same ideas more softly and with great beauty, such as Birago Diop in his famous poem *Forefathers*:[1]

> Listen more often to things than to beings,
> Hear the fire's voice,
> Hear the voice of water,
> Hear the wind in the sobbing of the trees,
> It is our forefathers breathing.

Others, like Senghor, acknowledge the great debt they owe to their French education and admit their admiration for what is best in European achievement, while insisting on the need to rediscover the true past of Africa, buried under layers of colonialism. Others see the ideal in a fusion of the two cultures; Maximilien Quenum admits,[2] 'Non pas que l'avènement de la civilisation occidentale constitue, en Afrique, un mal en soi...' but, he says, 'Faire comme le Blanc, ce n'est pas le singer, c'est, comme lui, cultiver soigneusement tout ce qui a de valeur typiquement nationale dans son histoire, dans sa tradition, dans sa civilisation. Faire comme le Blanc, c'est "plonger jusqu'aux racines de sa race", bâtir sur son propre fond....L'Occident ne vient pas dissoudre la culture africaine, il vient la compléter.' The same kind of reaction concerning African art and music was expressed by President Nyerere of Tanganyika in a

---

[1] *Leurres et Lueurs.*   [2] *Afrique Noire, rencontre avec l'Occident.*

speech to Parliament in 1962, explaining the creation of a Ministry of National Culture: 'Already as school children we were taught many European songs. How many of us were encouraged or taught to sing our own songs? Many of us have mastered the dances, which are called Rumba, Chachacha, Rock'n'roll, Twist, etc. How many of us can dance, or have even heard of our own dances?...I have established this Ministry of Culture in order to reawaken our lost pride in our native Art and Culture....But nobody must think that with this reawakening of our old cultural heritage, I wish to ridicule or scorn everything foreign. A country and a people which refuse to accept anything from foreign cultures is a land of fools and idiots. There can be no human progress without borrowing and copying of new ideas. But copying does not mean discarding one's own traditions. Thoughtful assimilation of foreign models helps us to learn to treasure and care for our own culture the more.'

Many English-speaking African writers in Ghana and Nigeria refuse entirely to subscribe to the theories of Négritude. They consider that it over-romanticises Africa and prevents the development of individual talent. Their attitude may be explained in various ways. It must be remembered that they started writing, on the whole, considerably later than the French African writers. Moreover, British colonialism had never carried out a policy of 'assimilation' similar to that of the French. The English-speaking writers therefore lacked the same incentive to assert their African personality and were freer to follow their individual talent. What they had perhaps acquired from their contact with British culture was a dislike of slavishly following the dogmatism of a literary 'movement'.

Ezekiel Mphahlele, a South African writer living in Kenya, says, 'To us in the multi-racial communities... Négritude is just so much intellectual talk, a cult', and Wole Soyinka, a Nigerian, ridicules the idea of a tiger proclaiming its 'tigritude'. There is, however, a more general feeling that Négritude has already served its purpose and is out-of-date, now that most of Africa is independent. Such a movement, if continued too long, risks becoming merely negative and produces nothing new or original. A word of warning was sounded in 1959 by an Indian writer, N. C. Chaudhuri, writing about similar ideas in India: 'Their ancient culture is a thing to throw at the heads of foreigners ... their cultural consciousness is part of their nationalism.'[1]

THE PLACE OF 'L'ENFANT NOIR' IN THE NÉGRITUDE MOVEMENT

Camara Laye, speaking at a meeting of African writers in Dakar in 1963, said, 'La civilisation française, par le truchement de la colonisation, nous a apporté la langue qui sera soigneusement conservée — Elle a retranché aussi beaucoup à notre civilisation propre. Sous la conduite de notre Président, son Excellence Sékou Touré, au lendemain de notre indépendance, nous nous sommes ressaisis, et très rapidement nous avons renoué avec notre musique, avec notre littérature, avec notre sculpture, en un mot, avec nous-mêmes, et avec nos traditions, avec tout ce que nous avions de plus profond en nous, et qui avait demeuré en veilleuse pendant les 60 années de colonisation.' There is perhaps here an element of patriotism required of the representative of his country at an international (French-speaking) conference. At a similar meeting at Fourah Bay, Sierra Leone, in 1963, Laye said, 'C'est en partant de la connaissance réelle de ce que nous avons été, que nous pourrons féconder le présent et l'avenir. Cela est à présent possible, car au groupe de Dakar, comme à celui de Freetown, qui ont pour dénominateur commun l'Afrique, l'occident a apporté ce qu'il a de précieux, c'est à dire, la

[1] *A Passage to England.*

14

langue française et la langue anglaise. Ce sont là deux merveilleux outils qui doivent pouvoir nous permettre de réaliser notre promesse, la promesse que nous avons faite au reste du monde en prenant nos indépendances respectives: *assimiler et non être assimilés*, la promesse de sortir l'Afrique de la faim, et enfin la promesse de faire connaître nos civilisations particulières.'

This statement can perhaps be said to define Laye's attitude to Négritude, an attitude completely lacking the bitterness of Diop and Damas, softer perhaps even than that of Senghor, and more akin to the idea of the complementary nature of the two cultures suggested by Maximilien Quenum and in the speech of President Nyerere. The phrase 'assimiler et non être assimilés' may be said to sum up this moderate attitude and to represent the positive side of Négritude as opposed to the negative one of the complete rejection of all things non-African.

In *l'Enfant Noir* itself, the colonial theme—or the anti-colonial theme—is hardly apparent. Nowhere is there expressed any hatred of Europeans as such. This absence of bitterness is partly the result of Laye's different background. Many of the other writers came of mixed parentage, some had never even lived in Africa, many had spent most of their lives in France. They felt themselves to be, in Senghor's term, 'cultural mulattos', neither French nor African. Laye himself came from a secure and respected background, which had been very little affected by the advent of Europeans; he had never aspired to be French but had always considered himself an African. He is therefore not unduly obsessed by the evils of European civilisation and finds no need to proclaim his négritude and 'throw it at the heads of foreigners'.

His book, in consequence, is simply an attempt to rediscover the sources of his life and to record with sympathy and sincerity traditions which he admits must inevitably disappear, even without European pressure. He is trying to recapture something which he has lost, something which will soon be lost for ever, not because it was taken or destroyed by Europeans but rather because the loss is the inevitable price of modern education. He regrets the loss; he is sure that what is being lost was in some way fundamental to African civilisation, but he nowhere suggests that it should be artificially preserved. This theme of inevitable loss recurs throughout the book and the struggle, which goes on in the author's mind and in that of any educated African, is in a way symbolised by the different attitudes of his father and mother; the father who accepts the necessity for change and the mother who refuses to accept the inevitability.

Laye reaffirms that African civilisation is very old; that of his own region was at its height in the fourteenth century. 'Depuis', he says, 'cette civilisation, un peu freinée, n'était pas morte...durant l'époque coloniale, elle est demeurée en veilleuse.' His main preoccupation now is to get back to its roots—the two ideas of Mystery and Love from which he starts. But this does not imply the rejection of foreign elements which can contribute, or the assertion that everything African is good because it is African. He attributes the value of African civilisation to the fact that 'nous étions, hier, en Afrique, plus proches des êtres et des choses', and emphasises the need to distinguish between 'civilisation' and mechanical progress which is merely an accessory. He is also seeking something more universal, which he calls l'Ame and which he admits also exists in European works of art. As he defines it, 'L'Union entre le ciel et la terre, que nous partageons avec toutes les civilisations.'

This, then, is Laye's approach: to discover and record the essentials of African civilisation, which has lain dormant and forgotten and to relate these essentials to those of universal civilisation, divorced from material progress. He has already moved a considerable distance from the ideas of the poets who originated the Négritude movement. It is perhaps to be expected that a moderation of these ideas would appear first in prose and it is perhaps significant that the early poets have published very little new work recently. Even so, Laye's work is, especially from the point of view of the English school, idealised and romanticised. There is nothing critical in his account of his childhood, nothing violent, nothing evil—he is firmly convinced of the goodness and value of a way of life which he admits is disappearing. While there is little criticism of European civilisation, there is also little self-criticism and no sign of the objective, unsentimental view of African life which can be found in the works of the Nigerian novelists, Chinua Achebe and Cyprian Ekwensi.

'L'ENFANT NOIR'—A MASTERPIECE

I have tried at some length to situate *l'Enfant Noir* in the framework of modern African literature, in French and English, and to indicate its relation to literary movements, especially to Négritude. It is important to consider the work against this background but it is equally important not to overemphasise this context and to avoid considering the work merely as the product of a certain movement and a certain period. At any period, in any country, in any language, Laye's childhood memories would be outstanding and merit being regarded as a small gem of literature long after the ideas and philosophies of Négritude have passed into history. What are the qualities which ensure its lasting value?

Style

The book is written with conscious artistic skill. We have seen something of how it came to be written and of how

Laye worked on his original notes. Partly because he was writing with deep feeling, partly because of the conscious artistry, the remembered scenes come alive and are presented both through the eyes of the child he was and of the man he now is. The fact that this dual approach is achieved without in any way disconcerting the reader, is some measure of the author's artistic skill. Although, from the point of view of English-speaking African writers, the work is over-romanticised and lacking in self-criticism and violence, it is impossible to accuse Laye of cloying sentimentality. He writes with great sensitivity and the keynotes of his style may be said to be dignity, simplicity and sincerity. These characteristics, which make the work a masterpiece in its own right, are unquestionably due to the fact that Laye was writing, originally, purely for his own pleasure and without any arrière-pensée or desire to prove any theory. By this means, a wealth of material which, in an expert anthropological work, would seem flat and dull and bear the stamp of having been observed from without, is made alive and real and presented in terms of personal experience.

Nostalgia

This is perhaps the dominating quality of the book, as it has been so often in successful autobiographies. But Laye's artistry consists in avoiding the too-obvious pitfalls of the nostalgic theme—excessive sentimentality and bitterness. It is rather a spiritual nostalgia which accepts the inevitability of change. Innumerable small remarks interpolated throughout the book illustrate the idea of something lost which can never be regained. Often, it is regret for the loss of something which he never really possessed, something which he merely senses but has never understood. He says, for example, 'je l'ignore: j'ai quitté mon père trop tôt', and 'je craignais bien qu'il n'eût rien à me confier jamais' (about the snake). He feels that this loss is due to the speed of change in modern society: 'Ces prodiges...j'y songe aujourd'hui comme aux événements fabuleux d'un lointain passé. Ce passé pourtant est tout proche: il date d'hier. Mais le monde bouge, le monde change, et le mien peut-être plus rapidement que tout autre....Oui, le monde bouge, le monde change: il bouge et change à telle enseigne que mon propre totem — j'ai mon totem aussi — m'est inconnu.' Laye regrets, deeply regrets, this loss but he does not attempt to blame anybody. He accepts the speed of change as inevitable; he feels perhaps that it is largely owing to his education that he will never be able really to understand the mysteries he senses, but he does not deny his education, which has provided him with the means of recording the mysteries. He refers several times to 'un désarroi', a feeling of being torn between two worlds, a feeling which must be increasingly common in developing Africa and which Laye himself has expressed with supreme artistry.

Characters

Laye's great artistic sensitivity is perhaps best seen in his character drawing. He has, and he claims that this is an essentially African characteristic, a great respect for people and an artist's ability to understand their feelings. This is particularly evident in the poignant farewell scene at the end of the book, a scene which he must often have relived in his Parisian exile.

He portrays his father as wise, good, stern, greatly respected, generous to a fault, austere in his own habits, a great believer in tradition and custom and yet understanding almost intuitively that his son must take another road.

His mother he remembers with great tenderness. To her are dedicated the opening verses, and indeed not only to her

19

personally, but to her as a symbol of the 'Femme noire, femme africaine'. He shows her dignified suffering in the various farewell scenes and after the initiation ceremony. She is at once stricter and less farsighted than his father and her impatience is shown over the conversations at night between the boys and the question of entertaining girl friends. Above all, she is the recipient of the mysteries. He has a feeling that much of the mystery he is seeking lies in his Mother—'Chez nous, il y a une infinité de choses qu'on n'explique pas et ma mère vivait dans leur familiarité'. It has been suggested in recent studies of the position of African women, that the key lies rather in her position as a Mother than as a Wife. From the beginning to the end of *l'Enfant Noir*, it is impossible to overlook the importance of Laye's mother in his life.

The other female characters in the book are drawn with the same tender sensitivity, though in less detail. Introducing his grandmother, he says, 'Je la chérissais de tout mon cœur', and portrays her as strong, energetic, still youthful, full of pride in her grandson. The two girls, Fanta, at the local school, and Marie, in Conakry, are drawn with the same charming touch.

The remaining characters, presented in less detail, nevertheless stand out as persons, not simply as minor characters incidental to the story, but as individuals seen in their intimate relationships with the author—the uncles at Tindican, his uncles Mamadou and Sékou at Conakry, so different superficially yet having the same profound qualities of the devout Muslim; the apprentice Sidafa, sketched very briefly but alive; and finally the two school friends, Kouyaté and Check. The description of the tragic death of Check compares in poignancy with the farewell scenes. As so often, it is described on two levels: the feelings of the children with their inherent fear of the dead and the assessment of the educated adult, 'Quand je songe aujourd'hui à ces jours lointains, je ne sais plus très bien ce qui m'effrayait tant, mais c'est sans doute que je ne pense plus à la mort comme j'y pensais alors: je pense plus simplement.'

SELECTIVE BIBLIOGRAPHY

Achiriga, J.J., *La Révolte des romanciers noirs de langue française*, Ottawa, Naaman, 1973.

Blair, D.S., *African Literature in French: a History of Creative Writing in French from West and Equatorial Africa*, C.U.P., 1976.

Bourgeacq, J., *L'Enfant noir de Camara Laye: sous le signe de l'éternal retour*, Sherbrooke, Québec, Naaman, 1984.

Chevrier, J., *Littérature africaine: histoire et grands thèmes*, Paris, Hatier, 1990.

Edwards, P., and Ramchand, K., 'An African Sentimentalist: Camara Laye's *The African Child*', *African Literature Today* 4, 1970, 37-53.

Jahn, J., 'Camara Laye: an interpretation', *Black Orpheus* 6, 1959, 35-8.

King, A., *The Writings of Camara Laye*, Heinemann, 1980.

Lee, S., *Camara Laye*, Twayne, Boston, 1984.

Melone, T., *De la négritude dans la littérature*, Présence Africaine, 1962.

Mercier, R., and Battestini, S., *Camara Laye*, Nathan, Paris, 1964.

Miller, C.L., *Theories of Africans: Francophone Literature and Anthropology in Africa*, University of Chicago Press, 1990.

Moore, G., *Seven African Writers*, O.U.P., 1962.

Mortimer, M., *Journeys through the African novel*, Heinemann, 1990.

Palmer, E., *An Introduction to the African Novel*, Heinemann, 1972.

Wauthier, C., *The Literature and Thought of Modern Africa*, Heinemann, 1978.

L'ENFANT NOIR

A MA MÈRE

Femme noire, femme africaine, ô toi ma mère je pense à toi...

*

O Dâman,* ô ma mère, toi qui me portas sur le dos, toi qui m'allaitas, toi qui gouvernas mes premiers pas, toi qui la première m'ouvris les yeux aux prodiges de la terre, je pense à toi...

*

Femme des champs, femme des rivières, femme du grand fleuve,* ô toi, ma mère, je pense à toi...

*

O toi Dâman, ô ma mère, toi qui essuyais mes larmes, toi qui me réjouissais le cœur, toi qui, patiemment supportais mes caprices, comme j'aimerais encore être près de toi, être enfant près de toi!

*

Femme simple, femme de la résignation, ô toi, ma mère, je pense à toi...

*

O Dâman, Dâman de la grande famille des forgerons, ma pensée toujours se tourne vers toi, la tienne à chaque pas m'accompagne, ô Dâman, ma mère, comme j'aimerais encore être dans ta chaleur, être enfant près de toi...

*

Femme noire, femme africaine, ô toi, ma mère, merci; merci pour tout ce que tu fis pour moi, ton fils, si loin, si près de toi!

24

I

J'étais enfant et je jouais près de la case* de mon père. Quel âge avais-je en ce temps-là ? Je ne me rappelle pas exactement. Je devais être très jeune encore : cinq ans, six ans peut-être. Ma mère était dans l'atelier, près de mon père, et leurs voix me parvenaient, rassurantes, tranquilles, mêlées à celles des clients de la forge et au bruit de l'enclume.

Brusquement j'avais interrompu de jouer, l'attention, toute mon attention, captée par un serpent qui rampait autour de la case, qui vraiment paraissait se promener autour de la case ; et je m'étais bientôt approché. J'avais ramassé un roseau qui traînait dans la cour — il en traînait toujours, qui se détachaient de la palissade de roseaux tressés qui enclôt notre concession* — et, à présent, j'enfonçais ce roseau dans la gueule de la bête. Le serpent ne se dérobait pas : il prenait goût au jeu ; il avalait lentement le roseau, il l'avalait comme une proie, avec la même volupté, me semblait-il, les yeux brillants de bonheur, et sa tête, petit à petit, se rapprochait de ma main. Il vint un moment où le roseau se trouva à peu près englouti, et où la gueule du serpent se trouva terriblement proche de mes doigts.

Je riais, je n'avais pas peur du tout, et je crois bien que le serpent n'eût plus beaucoup tardé à m'enfoncer ses crochets dans les doigts si, à l'instant, Damany, l'un des apprentis, ne fût sorti de l'atelier. L'apprenti fit signe à mon père, et presque aussitôt je me sentis soulevé de terre : j'étais dans les bras d'un ami de mon père !

Autour de moi, on menait grand bruit ; ma mère surtout criait fort et elle me donna quelques claques. Je me mis à pleurer, plus ému par le tumulte qui s'était si opinément élevé, que par les claques que j'avais reçues. Un peu plus tard, quand je me fus un peu calmé et qu'autour de moi les cris eurent cessé, j'entendis ma mère m'avertir sévèrement de ne plus jamais recommencer un tel jeu; je le lui promis, bien que le danger de mon jeu ne m'apparût pas clairement.

Mon père avait sa case à proximité de l'atelier, et souvent je jouais là, sous la véranda qui l'entourait. C'était la case personnelle de mon père.* Elle était faite de briques en terre battue et pétrie avec de l'eau; et comme toutes nos cases, ronde et fièrement coiffée de chaume. On y pénétrait par une porte rectangulaire. A l'intérieur, un jour avare tombait d'une petite fenêtre. A droite, il y avait le lit, en terre battue comme les briques, garni d'une simple natte en osier tressé et d'un oreiller bourré de kapok. Au fond de la case et tout juste sous la petite fenêtre, là où la clarté était la meilleure, se trouvaient les caisses à outils. A gauche, les boubous* et les peaux de prière.* Enfin, à la tête du lit, surplombant l'oreiller et veillant sur le sommeil de mon père, il y avait une série de marmites contenant des extraits de plantes et d'écorces. Ces marmites avaient toutes des couvercles de tôle et elles étaient richement et curieusement cerclées de chapelets de cauris;* on avait tôt fait de comprendre qu'elles étaient ce qu'il y avait de plus important dans la case; de fait, elles contenaient les gris-gris,* ces liquides mystérieux qui éloignent les mauvais esprits et qui, pour peu qu'on s'en enduise le corps, le rendent invulnérable aux maléfices, à tous les maléfices. Mon père, avant de se coucher, ne manquait jamais de s'enduire le corps, puisant ici, puisant là, car chaque liquide, chaque gri-gri a sa propriété particulière; mais quelle vertu précise? je l'ignore: j'ai quitté mon père trop tôt.*

De la véranda sous laquelle je jouais, j'avais directement vue sur l'atelier, et en retour on avait directement l'œil sur moi. Cet atelier était la maîtresse pièce de notre concession.

Mon père s'y tenait généralement, dirigeant le travail, forgeant lui-même les pièces principales ou réparant les mécaniques délicates; il y recevait amis et clients; et si bien qu'il venait de cet atelier un bruit qui commençait avec le jour et ne cessait qu'à la nuit. Chacun, au surplus, qui entrait dans notre concession ou qui en sortait, devait traverser l'atelier; d'où un va-et-vient perpétuel, encore que personne ne parût particulièrement pressé, encore que chacun eût son mot à dire et s'attardât volontiers à suivre des yeux le travail de la forge. Parfois je m'approchais, attiré par la lueur du foyer, mais j'entrais rarement, car tout ce monde m'intimidait fort, et je me sauvais dès qu'on cherchait à se saisir de moi. Mon domaine n'était pas encore là; ce n'est que beaucoup plus tard que j'ai pris l'habitude de m'accroupir dans l'atelier et de regarder briller le feu de la forge.

Mon domaine, en ce temps-là, c'était la véranda qui entourait la case de mon père, c'était la case de ma mère, c'était l'oranger planté au centre de la concession.

Sitôt qu'on avait traversé l'atelier et franchi la porte du fond, on apercevait l'oranger. L'arbre, si je le compare aux géants de nos forêts, n'était pas très grand, mais il tombait de sa masse de feuilles vernissées une ombre compacte, qui éloignait la chaleur. Quand il fleurissait, une odeur entêtante se répandait sur toute la concession. Quand apparaissaient les fruits, il nous était tout juste permis de les regarder: nous devions attendre patiemment qu'ils fussent mûrs. Mon père alors qui, en tant que chef de famille — et chef d'une innombrable famille* — gouvernait la concession, donnait l'ordre de les cueillir. Les hommes qui faisaient cette cueillette apportaient au fur et à mesure les paniers à mon père, et celui-ci les répartissait entre les habitants de la concession, ses voisins et ses clients; après quoi il nous était permis de puiser dans les paniers, et à discrétion! Mon père donnait facilement* et même avec

27

prodigalité: quiconque se présentait partageait nos repas, et comme je ne mangeais guère aussi vite que ces invités, j'eusse risqué de demeurer éternellement sur ma faim, si ma mère n'eût pris la précaution de réserver ma part.

— Mets-toi ici, me disait-elle, et mange, car ton père est fou.

Elle ne voyait pas d'un trop bon œil ces invités, un peu bien nombreux à son gré, un peu bien pressés de puiser dans le plat. Mon père, lui, mangeait fort peu: il était d'une extrême sobriété.*

Nous habitions en bordure du chemin de fer. Les trains longeaient la barrière de roseaux tressés qui limitait la concession, et la longeaient à vrai dire de si près, que des flammèches, échappées de la locomotive, mettaient parfois le feu à la clôture;* et il fallait se hâter d'éteindre ce début d'incendie, si on ne voulait pas voir tout flamber. Ces alertes, un peu effrayantes, un peu divertissantes, appelaient mon attention sur le passage des trains; et même quand il n'y avait pas de trains — car le passage des trains, à cette époque, dépendait tout entier encore du trafic fluvial, et c'était un trafic des plus irréguliers — j'allais passer de longs moments dans la contemplation de la voie ferrée. Les rails luisaient cruellement dans une lumière que rien, à cet endroit, ne venait tamiser. Chauffé dès l'aube, le ballast de pierres rouges était brûlant; il l'était au point que l'huile, tombée des locomotives, était aussitôt bue et qu'il n'en demeurait seulement pas trace. Est-ce cette chaleur de four ou est-ce l'huile, l'odeur d'huile qui malgré tout subsistait, qui attirait les serpents? Je ne sais pas. Le fait est que souvent je surprenais des serpents à ramper sur ce ballast cuit et recuit par le soleil; et il arrivait fatalement que les serpents pénétrassent dans la concession.

Depuis qu'on m'avait défendu de jouer avec les serpents, sitôt que j'en apercevais un, j'accourais chez ma mère.

— Il y a un serpent! criais-je.

— Encore un! s'écriait ma mère.

Et elle venait voir quelle sorte de serpent c'était. Si c'était un serpent comme tous les serpents — en fait, ils différaient fort! — elle le tuait aussitôt à coups de bâton, et elle s'acharnait,* comme toutes les femmes de chez nous, jusqu'à le réduire en bouillie, tandis que les hommes, eux, se contentent d'un coup sec, nettement asséné.

Un jour pourtant, je remarquai un petit serpent noir au corps particulièrement brillant, qui se dirigeait sans hâte vers l'atelier. Je courus avertir ma mère, comme j'en avais pris l'habitude; mais ma mère n'eut pas plus tôt aperçu le serpent noir, qu'elle me dit gravement:

— Celui-ci, mon enfant, il ne faut pas le tuer: ce serpent n'est pas un serpent comme les autres, il ne te fera aucun mal; néanmoins ne contrarie jamais sa course.

Personne, dans notre concession, n'ignorait que ce serpent-là, on ne devait pas le tuer, sauf moi, sauf mes petits compagnons de jeu, je présume, qui étions encore des enfants naïfs.

— Ce serpent, ajouta ma mère, est le génie de ton père.*

Je considérai le petit serpent avec ébahissement. Il poursuivait sa route vers l'atelier; il avançait gracieusement, très sûr de lui, eût-on dit, et comme conscient de son immunité; son corps éclatant et noir étincelait dans la lumière crue. Quand il fut parvenu à l'atelier, j'avisai pour la première fois qu'il y avait là, ménagé au ras du sol, un trou dans la paroi. Le serpent disparut par ce trou.

— Tu vois: le serpent va faire visite à ton père, dit encore ma mère.

Bien que le merveilleux me fût familier,* je demeurai muet tant mon étonnement était grand. Qu'est-ce qu'un serpent avait à faire avec mon père? Et pourquoi ce serpent-là précisément? On ne le tuait pas, parce qu'il était le génie de mon père! Du moins était-ce la raison que ma mère donnait. Mais au juste qu'était-ce qu'un génie?* Qu'étaient ces génies que je rencontrais un peu partout, qui défendaient telle chose, commandaient telle autre ? Je ne me l'expliquais pas clairement, encore que je n'eusse cessé de croître dans leur intimité. Il y avait de bons génies, et il y en avait de mauvais; et plus de mauvais que de bons, il me semble. Et d'abord qu'est-ce qui me prouvait que ce serpent était inoffensif ? C'était un serpent comme les autres; un serpent noir, sans doute, et assurément un serpent d'un éclat extraordinaire; un serpent tout de même! J'étais dans une absolue perplexité, pourtant je ne demandai rien à ma mère: je pensais qu'il me fallait interroger directement mon père; oui, comme si ce mystère eût été une affaire à débattre entre hommes uniquement, une affaire et un mystère qui ne regarde pas les femmes; et je décidai d'attendre la nuit.

Sitôt après le repas du soir, quand, les palabres terminées, mon père eut pris congé de ses amis et se fut retiré sous la véranda de sa case, je me rendis près de lui. Je commençai par le questionner à tort et à travers, comme font les enfants, et sur tous les sujets qui s'offraient à mon esprit; dans le fait, je n'agissais pas autrement que les autres soirs; mais, ce soir-là, je le faisais pour dissimuler ce qui m'occupait, cherchant l'instant favorable où, mine de rien, je poserais la question qui me tenait si fort à cœur, depuis que j'avais vu le serpent noir se diriger vers l'atelier. Et tout à coup, n'y tenant plus, je dis:

— Père, quel est ce petit serpent qui te fait visite ?

— De quel serpent parles-tu ?

— Eh bien! du petit serpent noir que ma mère me défend de tuer.

— Ah! fit-il.

Il me regarda un long moment. Il paraissait hésiter à me répondre. Sans doute pensait-il à mon âge,* sans doute se demandait-il s'il n'était pas un peu tôt pour confier ce secret à un enfant de douze ans. Puis subitement il se décida.

— Ce serpent, dit-il, est le génie de notre race. Comprends-tu ?

— Oui, dis-je, bien que je ne comprisse pas très bien.

— Ce serpent, poursuivit-il, est toujours présent; toujours il apparaît à l'un de nous. Dans notre génération, c'est à moi qu'il s'est présenté.

— Oui, dis-je.

Et je l'avais dit avec force, car il me paraissait évident que le serpent n'avait pu se présenter qu'à mon père. N'était-ce pas mon père qui était le chef de la concession ? N'était-ce pas lui qui commandait tous les forgerons de la région ? N'était-il pas le plus habile ? Enfin n'était-il pas mon père ?

— Comment s'est-il présenté ? dis-je.

— Il s'est d'abord présenté sous forme de rêve. Plusieurs fois, il m'est apparu et il me disait le jour où il se présenterait réellement à moi, il précisait l'heure et l'endroit. Mais moi, la première fois que je le vis réellement, je pris peur. Je le tenais pour un serpent comme les autres et je dus me contenir pour ne pas le tuer.* Quand il s'aperçut que je ne lui faisais aucun accueil, il se détourna et repartit par où il était venu. Et moi, je le regardais s'en aller, et je continuais de me demander si je n'aurais pas dû bonnement le tuer, mais une force plus puissante que ma volonté me retenait et m'empêchait de le poursuivre. Je le regardai disparaître. Et même à ce moment, à ce moment encore, j'aurais pu facilement le rattraper: il eût suffi de quelques enjambées; mais une sorte de paralysie m'immobilisait. Telle fut ma première rencontre avec le petit serpent noir.

Il se tut un moment, puis reprit:

— La nuit suivante, je revis le serpent en rêve. 'Je suis venu comme je t'en avais averti, dit-il, et toi, tu ne m'as fait nul accueil; et même je te voyais sur le point de me faire mauvais accueil: je lisais dans tes yeux. Pourquoi me repousses-tu ? Je suis le génie de ta race, et c'est en tant que génie de ta race que je me présente à toi comme au plus digne. Cesse donc de me craindre et prends garde de me repousser, car je t'apporte le succès.' Dès lors, j'accueillis le serpent quand, pour la seconde fois, il se présenta; je l'accueillis sans crainte, je l'accueillis avec amitié, et lui ne me fit jamais que du bien.

Mon père se tut encore un moment, puis il dit:

— Tu vois bien* toi-même que je ne suis pas plus capable qu'un autre, que je n'ai rien de plus que les autres, et même que j'ai moins que les autres puisque je donne tout, puisque je donnerais jusqu'à ma dernière chemise. Pourtant je suis plus connu que les autres, et mon nom est dans toutes les bouches, et c'est moi qui règne sur tous les forgerons des cinq cantons du cercle.* S'il en est ainsi, c'est par la grâce seule de ce serpent, génie de notre race. C'est à ce serpent que je dois tout, et c'est lui aussi qui m'avertit de tout. Ainsi je ne m'étonne point, à mon réveil, de voir tel ou tel m'attendant devant l'atelier: je sais que tel ou tel sera là. Je ne m'étonne pas davantage de voir se produire telle ou telle panne de moto ou de vélo, ou tel accident d'horlogerie: d'avance je savais ce qui surviendrait. Tout m'a été dicté au cours de la nuit et, par la même occasion, tout le travail que j'aurais à faire, si bien que, d'emblée, sans avoir à y réfléchir, je sais comment je remédierai à ce qu'on me présente; et c'est cela qui a établi ma renommée d'artisan. Mais, dis-le-toi bien, tout cela, je le dois au serpent,* je le dois au génie de notre race.

Il se tut, et je sus alors pourquoi, quand mon père revenait de promenade et entrait dans l'atelier, il pouvait dire aux apprentis: 'En mon absence, un tel ou un tel est venu, il était vêtu de telle façon, il venait de tel endroit et il apportait tel travail.' Et tous s'émerveillaient fort de cet étrange savoir. A présent, je comprenais d'où mon père tirait sa connaissance des événements. Quand je relevai les yeux, je vis que mon père m'observait.

32

— Je t'ai dit tout cela, petit, parce que tu es mon fils, l'aîné de mes fils, et que je n'ai rien à te cacher. Il y a une manière de conduite à tenir et certaines façons d'agir, pour qu'un jour le génie de notre race se dirige vers toi aussi. J'étais, moi, dans cette ligne de conduite qui détermine notre génie à nous visiter; oh! inconsciemment peut-être, mais toujours est-il que si tu veux que le génie de notre race te visite un jour, si tu veux en hériter à ton tour, il faudra que tu adoptes ce même comportement; il faudra désormais que tu me fréquentes davantage.

Il me regardait avec passion et, brusquement, il soupira.

— J'ai peur,* j'ai bien peur, petit, que tu ne me fréquentes jamais assez. Tu vas à l'école et, un jour, tu quitteras cette école pour une plus grande. Tu me quitteras, petit…

Et de nouveau il soupira. Je voyais qu'il avait le cœur lourd. La lampe-tempête, suspendue à la véranda, l'éclairait crûment. Il me parut soudain comme vieilli.

— Père! m'écriai-je.

— Fils… dit-il à mi-voix.

Et je ne savais plus si je devais continuer d'aller à l'école ou si je devais demeurer dans l'atelier: j'étais dans un trouble inexprimable.*

— Va maintenant, dit mon père.

Je me levai et me dirigeai vers la case de ma mère. La nuit scintillait d'étoiles, la nuit était un champ d'étoiles; un hibou ululait, tout proche. Ah! où était ma voie?* Savais-je encore où était ma voie? Mon désarroi était à l'image du ciel: sans limites; mais ce ciel, hélas! était sans étoiles… J'entrai dans la case de ma mère,* qui était alors la mienne, et me couchai aussitôt. Le sommeil pourtant me fuyait, et je m'agitais sur ma couche.

— Qu'as-tu? dit ma mère.

— Rien, dis-je.

Non, je n'avais rien que je pusse communiquer.

— Pourquoi ne dors-tu pas? reprit ma mère.

33

— Je ne sais pas.
— Dors! dit-elle.
— Oui, dis-je.
— Le sommeil... Rien ne résiste au sommeil, dit-elle tristement.

Pourquoi, elle aussi, paraissait-elle triste? Avait-elle senti mon désarroi? Elle ressentait fortement* tout ce qui m'agitait. Je cherchai le sommeil, mais j'eus beau fermer les yeux et me contraindre à l'immobilité, l'image de mon père sous la lampe-tempête ne me quittait pas: mon père qui m'avait paru brusquement si vieilli, lui qui était si jeune, si alerte, plus jeune et plus vif que nous tous et qui ne se laissait distancer par personne à la course, qui avait des jambes plus rapides que nos jeunes jambes... 'Père!... Père!... me répétais-je. Père, que dois-je faire pour bien faire?...' Et je pleurais silencieusement, je m'endormis en pleurant.

Par la suite, il ne fut plus question entre nous du petit serpent noir: mon père m'en avait parlé pour la première et la dernière fois. Mais, dès lors, sitôt que j'apercevais le petit serpent, je courais m'asseoir dans l'atelier. Je regardais le serpent se glisser par le trou de la paroi. Comme averti de sa présence, mon père à l'instant tournait le regard vers la paroi et souriait. Le serpent se dirigeait droit sur lui, en ouvrant la gueule. Quand il était à portée, mon père le caressait avec la main, et le serpent acceptait sa caresse par un frémissement de tout le corps; jamais je ne vis le petit serpent tenter de lui faire le moindre mal. Cette caresse et le frémissement qui y répondait — mais je devrais dire: cette caresse qui appelait et le frémissement qui y répondait — me jetaient chaque fois dans une inexprimable confusion: je pensais à je ne sais quelle mystérieuse conversation; la main interrogeait, le frémissement répondait...

Oui, c'était comme une conversation.* Est-ce que moi

aussi, un jour, je converserais de cette sorte? Mais non: je continuais d'aller à l'école! Pourtant j'aurais voulu, j'aurais tant voulu poser à mon tour ma main sur le serpent, comprendre, écouter à mon tour ce frémissement, mais j'ignorais comment le serpent eût accueilli ma main et je ne pensais pas qu'il eût maintenant rien à me confier, je craignais bien qu'il n'eût rien à me confier jamais...

Quand mon père jugeait qu'il avait assez caressé le petit animal, il le laissait; le serpent alors se lovait sous un des bords de la peau de mouton sur laquelle mon père était assis, face à son enclume.

2

De tous les travaux que mon père exécutait dans l'atelier, il n'y en avait point qui me passionnât davantage que celui de l'or; il n'y en avait pas non plus de plus noble ni qui requît plus de doigté; et puis ce travail était chaque fois comme une fête, c'était une vraie fête, qui interrompait la monotonie des jours.

Aussi suffisait-il qu'une femme, accompagnée d'un griot,* poussât la porte de l'atelier, je lui emboîtais le pas aussitôt. Je savais très bien ce que la femme voulait: elle apportait de l'or et elle venait demander à mon père de le transformer en bijou. Cet or, la femme l'avait recueilli dans les placers de Siguiri* où, plusieurs mois de suite, elle était demeurée courbée sur les rivières, lavant la terre, détachant patiemment de la boue la poudre d'or.

Ces femmes ne venaient jamais seules: elles se doutaient bien que mon père n'avait pas que ses travaux de bijoutier; et même n'eût-il que de tels travaux, elles ne pouvaient ignorer qu'elles ne seraient ni les premières à se présenter, ni par conséquent les premières à être servies. Or, le plus souvent, elles avaient besoin du bijou pour une date fixe, soit pour la fête du Ramadan,* soit pour la Tabaski* ou pour toute autre cérémonie de famille ou de danse.

Dès lors, pour aider leur chance d'être rapidement servies, pour obtenir de mon père qu'il interrompît en leur faveur les travaux en cours, elles s'adressaient à un solliciteur et louangeur officiel, un griot, convenant avec lui du prix auquel il leur vendrait ses bons offices.

Le griot s'installait, préludait sur sa cora,* qui est notre harpe, et commençait à chanter les louanges de mon père.

Pour moi, ce chant était toujours un grand moment. J'entendais rappeler les hauts faits des ancêtres de mon père, et ces ancêtres eux-mêmes dans l'ordre du temps ; à mesure que les couplets se dévidaient, c'était comme un grand arbre généalogique* qui se dressait, qui poussait ses branches ici et là, qui s'étalait avec ses cent rameaux et ramilles devant mon esprit. La harpe soutenait cette vaste nomenclature, la truffait et la coupait de notes tantôt sourdes, tantôt aigrelettes.

Où le griot puisait-il ce savoir ? Dans une mémoire particulièrement exercée assurément, particulièrement nourrie aussi par ses prédécesseurs, et qui est le fondement de notre tradition orale.* Y ajoutait-il ? C'est possible : c'est métier de griot que de flatter ! Il ne devait pourtant pas beaucoup malmener la tradition, car c'est métier de griot aussi de la maintenir intacte. Mais il m'importait peu en ce temps, et je levais haut la tête, grisé par tant de louanges, dont il semblait rejaillir quelque chose sur ma petite personne. Et si je dirigeais le regard sur mon père, je voyais bien qu'une fierté semblable alors l'emplissait, je voyais bien que son amour-propre était grisé, et je savais déjà qu'après avoir savouré ce lait, il accueillerait favorablement la demande de la femme. Mais je n'étais pas seul à le savoir : la femme aussi avait vu les yeux de mon père luire d'orgueil ; elle tendait sa poudre d'or comme pour une affaire entendue, et mon père prenait ses balances, pesait l'or.

— Quelle sorte de bijou veux-tu ? disait-il.

— Je veux...

Et il arrivait que la femme ne sût plus au juste ce qu'elle voulait, parce que son désir la tiraillait ici, la tiraillait là, parce qu'en vérité elle aurait voulu tous les bijoux à la fois ; mais il aurait fallu un bien autre tas d'or, que celui qu'elle avait apporté, pour satisfaire une telle fringale, et il ne restait dès lors qu'à s'en tenir au possible.

— Pour quand le veux-tu ? disait mon père.

37

Et toujours c'était pour une date très proche.

— Ah! tu es si pressée que ça? Mais où veux-tu que je prenne le temps!

— Je suis très pressée, je t'assure! disait la femme.

— Jamais je n'ai vu femme désireuse de se parer, qui ne le fût pas! Bon! je vais m'arranger pour te satisfaire. Es-tu contente?

Il prenait la marmite en terre glaise réservée à la fusion de l'or et y versait la poudre; puis il recouvrait l'or avec du charbon de bois pulvérisé, un charbon qu'on obtenait par l'emploi d'essences spécialement dures; enfin il posait sur le tout un gros morceau de charbon du même bois.

Alors, voyant le travail dûment entamé, la femme retournait à ses occupations, rassurée, pleinement rassurée cette fois, laissant à son griot le soin de poursuivre des louanges dont elle avait tiré déjà si bon profit.

Sur un signe de mon père, les apprentis mettaient en mouvement les deux soufflets en peau de mouton, posés à même le sol de part et d'autre de la forge et reliés à celle-ci par des conduits de terre. Ces apprentis se tenaient constamment assis, les jambes croisées, devant les soufflets; le plus jeune des deux tout au moins, car l'aîné était parfois admis à partager le travail des ouvriers, mais le plus jeune — c'était Sidafa, en ce temps-là — ne faisait que souffler et qu'observer, en attendant d'être à son tour élevé à des travaux moins rudimentaires. Pour l'heure, l'un et l'autre pesaient avec force sur les branloires, et la flamme de la forge se dressait, devenait une chose vivante, un génie vif et impitoyable.*

Mon père alors, avec ses pinces longues, saisissait la marmite et la posait sur la flamme.

Du coup, tout travail cessait quasiment dans l'atelier: on ne doit en effet, durant tout le temps que l'or fond, puis refroidit, travailler ni le cuivre ni l'aluminium à proximité, de crainte qu'il ne vînt à tomber dans le récipient quelque parcelle de ces métaux sans noblesse. Seul l'acier peut encore être travaillé. Mais les ouvriers qui avaient un ouvrage d'acier en train, ou se hâtaient de l'achever, ou l'abandonnaient carrément pour rejoindre les apprentis rassemblés autour de la forge. En vérité, ils étaient chaque fois si nombreux à se presser alors autour de mon père, que je devais, moi qui étais le plus petit, me lever et me rapprocher pour ne pas perdre la suite de l'opération.

Il arrivait aussi que, gêné dans ses mouvements, mon père fît reculer les apprentis. Il le faisait d'un simple geste de la main : jamais il ne disait mot à ce moment, et personne ne disait mot, personne ne devait dire mot, le griot même cessait d'élever la voix; le silence n'était interrompu que par le halètement des soufflets et le léger sifflement de l'or. Mais si mon père ne prononçait pas de parole, je sais bien qu'intérieurement il en formait; je l'apercevais à ses lèvres qui remuaient tandis que, penché sur la marmite, il malaxait l'or et le charbon avec un bout de bois, d'ailleurs aussitôt enflammé et qu'il fallait sans cesse renouveler.

Quelles paroles mon père pouvait-il bien former? Je ne sais pas; je ne sais pas exactement: rien ne m'a été communiqué de ces paroles. Mais qu'eussent-elles été, sinon des incantations?* N'était-ce pas les génies du feu et de l'or, du feu et du vent, du vent soufflé par les tuyères, du feu né du vent, de l'or marié avec le feu, qu'il invoquait alors; n'était-ce pas leur aide et leur amitié, et leurs épousailles qu'il appelait? Oui, ces génies-là presque certainement, qui sont parmi les fondamentaux* et qui étaient également nécessaires à la fusion.

L'opération qui se poursuivait sous mes yeux, n'était une simple fusion d'or qu'en apparence; c'était une fusion d'or, assurément c'était cela, mais c'était bien autre chose encore: une opération magique* que les génies pouvaient accorder ou refuser; et c'est pourquoi, autour de mon père, il y avait ce silence absolu et cette attente anxieuse. Et parce qu'il y avait ce silence et cette attente, je comprenais, bien que je ne fusse qu'un enfant, qu'il n'y a point de travail qui dépasse celui de l'or.* J'attendais une fête, j'étais venu assister à une fête, et c'en était très réellement une, mais qui avait des prolongements. Ces prolongements, je ne les comprenais pas tous, je n'avais pas l'âge de les comprendre tous; néanmoins je les soupçonnais en considérant l'attention comme religieuse que tous mettaient à observer la marche du mélange dans la marmite.

Quand enfin l'or entrait en fusion, j'eusse crié, et peut-être eussions-nous tous crié, si l'interdit ne nous eût défendu d'élever la voix; je tressaillais, et tous sûrement tressaillaient en regardant mon père remuer la pâte encore lourde, où le charbon de bois achevait de se consumer. La seconde fusion suivait rapidement; l'or à présent avait la fluidité de l'eau. Les génies n'avaient point boudé à l'opération!

— Approchez la brique! disait mon père, levant ainsi l'interdit qui nous avait jusque-là tenus silencieux.

La brique, qu'un apprenti posait près du foyer, était creuse, généreusement graissée de beurre de karité.* Mon père retirait la marmite du foyer, l'inclinait doucement, et je regardais l'or couler dans la brique, je le regardais couler comme un feu liquide. Ce n'était au vrai qu'un très mince trait de feu, mais si vif, mais si brillant! A mesure qu'il coulait dans la brique, le beurre grésillait, flambait, se transformait en une fumée lourde qui prenait à la gorge et piquait les yeux, nous laissant tous pareillement larmoyant et toussant.

Il m'est arrivé de penser que tout ce travail de fusion, mon père l'eût aussi bien confié à l'un ou l'autre de ses aides: ceux-ci ne manquaient pas d'expérience; cent fois, ils avaient assisté à ces mêmes préparatifs et ils eussent certainement mené la fusion à bonne fin. Mais je l'ai dit: mon père remuait les lèvres! Ces paroles que nous n'entendions pas, ces paroles secrètes, ces incantations* qu'il adressait à ce que nous ne devions, à ce que nous ne pouvions ni voir ni entendre, c'était là l'essentiel. L'adjuration des génies du feu, du vent, de l'or, et la conjuration des mauvais esprits, cette science, mon père l'avait seul, et c'est pourquoi, seul aussi, il conduisait tout.

Telle est au surplus notre coutume, qui éloigne du travail de l'or toute intervention autre que celle du bijoutier même. Et certes, c'est parce que le bijoutier est seul à posséder le secret des incantations, mais c'est aussi* parce que le travail de l'or, en sus d'un ouvrage d'une grande habileté, est une affaire de confiance, de conscience, une tâche qu'on ne confie qu'après mûre réflexion et preuves faites. Enfin je ne crois pas qu'aucun bijoutier admettrait de renoncer à un travail — je devrais dire: un spectacle! — où il déploie son savoir-faire avec un éclat que ses travaux de forgeron ou de mécanicien et même ses travaux de sculpteur ne revêtent jamais, bien que son savoir-faire ne soit pas inférieur dans ces travaux plus humbles, bien que les statues qu'il tire du bois à coup d'herminette, ne soient pas d'humbles travaux!

Maintenant qu'au creux de la brique l'or était refroidi, mon père le martelait et l'étirait. C'était l'instant où son travail de bijoutier commençait réellement; et j'avais découvert qu'avant de l'entamer, il ne manquait jamais de caresser discrètement le petit serpent lové sous sa peau de mouton; on ne pouvait douter que ce fût sa façon de prendre appui pour ce qui demeurait à faire et qui était le plus difficile.

Mais n'était-il pas extraordinaire, n'était-il pas miraculeux qu'en la circonstance le petit serpent noir fût toujours lové sous la peau de mouton? Il n'était pas toujours présent, il ne faisait pas chaque jour visite à mon père, mais il était présent chaque fois que s'opérait ce travail de l'or. Pour moi, sa présence ne me surprenait pas; depuis que mon

41

père, un soir, m'avait parlé du génie de sa race, je ne m'étonnais plus; il allait de soi que le serpent fût là: il était averti de l'avenir. En avertissait-il mon père? Cela me paraissait évident: ne l'avertissait-il pas de tout? Mais j'avais un motif supplémentaire pour le croire absolument.

L'artisan qui travaille l'or doit se purifier* au préalable, se laver complètement par conséquent et, bien entendu, s'abstenir, tout le temps de son travail, de rapports sexuels. Respectueux des rites comme il l'était, mon père ne pouvait manquer de se conformer à la règle. Or, je ne le voyais point se retirer dans sa case; je le voyais s'atteler à sa besogne sans préparation apparente. Dès lors il sautait aux yeux que, prévenu en rêve par son génie noir de la tâche qui l'attendait dans la journée, mon père s'y était préparé au saut du lit et était entré dans l'atelier en état de pureté, et le corps enduit de surcroît des substances magiques celées dans ses nombreuses marmites de gris-gris. Je crois au reste que mon père n'entrait jamais dans son atelier qu'en état de pureté rituelle; et ce n'est point que je cherche à le faire meilleur qu'il n'est — il est assurément homme, et partage assurément les faiblesses de l'homme — mais toujours je l'ai vu intransigeant dans son respect des rites.*

La commère à laquelle le bijou était destiné et qui, à plusieurs reprises déjà, était venue voir où le travail en était, cette fois revenant pour de bon, ne voulant rien perdre de ce spectacle, merveilleux pour elle, merveilleux aussi pour nous, où le fil que mon père finissait d'étirer, se muerait en bijou.

Elle était là à présent qui dévorait des yeux le fragile fil d'or, le suivait dans sa spirale tranquille et infaillible autour de la petite plaque qui lui sert de support. Mon père l'observait du coin de l'œil, et je voyais par intervalles un sourire courir sur ses lèvres: l'attente avide de la commère le réjouissait.

— Tu trembles? disait-il.

— Est-ce que je tremble? disait-elle.

Et nous riions de sa mine. Car elle tremblait! Elle tremblait de convoitise devant l'enroulement en pyramide où mon père insérait, entre les méandres, de minuscules grains d'or. Quand enfin il terminait l'œuvre en sommant le tout d'un grain plus gros, la femme bondissait sur ses pieds.

Non, personne alors, tandis que mon père faisait lentement virer le bijou entre ses doigts pour en étaler la régularité, personne n'aurait pu témoigner plus ample ravissement que la commère, même pas le griot dont c'était le métier, et qui, durant toute la métamorphose, n'avait cessé d'accélérer son débit, précipitant le rythme, précipitant les louanges et les flatteries à mesure que le bijou prenait forme, portant aux nues le talent de mon père.

Au vrai, le griot participait curieusement — mais j'allais dire: directement, effectivement — au travail. Lui aussi s'enivrait du bonheur de créer; il clamait sa joie, il pinçait sa harpe en homme inspiré; il s'échauffait comme s'il eût été l'artisan même, mon père même, comme si le bijou fût né de ses propres mains. Il n'était plus le thuriféraire* à gages; il n'était plus cet homme dont chacun et quiconque peut louer les services: il était un homme qui crée son chant sous l'empire d'une nécessité tout intérieure. Et quand mon père, après avoir soudé le gros grain qui achevait la pyramide, faisait admirer son œuvre, le griot n'aurait pu se retenir plus longtemps d'énoncer la 'douga', ce grand chant qui n'est chanté que pour les hommes de renom, qui n'est dansé que par ces hommes.

Mais c'est un chant redoutable que la 'douga', un chant qui provoque, un chant que le griot ne se hasarderait pas à chanter, que l'homme pour qui on le chante ne se hasarderait pas non plus à danser sans précautions. Mon père, averti en rêve, avait pu prendre ces précautions dès l'aube; le griot, lui, les avait obligatoirement prises dans le moment où il avait conclu marché avec la femme. Comme mon père, il s'était alors enduit le corps de gris-gris, et s'était rendu invulnérable aux mauvais génies que la 'douga' ne pouvait manquer de déchaîner, invulnérable encore à ses confrères mêmes qui, jaloux peut-être, n'attendaient que ce chant, l'exaltation, la perte de contrôle qu'entraîne ce chant, pour lancer leurs sorts.

A l'énoncé de la 'douga', mon père se levait, poussait un cri où, par parts égales, le triomphe et la joie se mêlaient, et brandissant de la main droite son marteau, insigne de sa profession, et de la gauche une corne de mouton emplie de substances magiques, il dansait la glorieuse danse.

Il n'avait pas plus tôt terminé, qu'ouvriers et apprentis, amis et clients attendant leur tour, sans oublier la commère à laquelle le bijou était destiné, s'empressaient autour de lui, le complimentant, le couvrant d'éloges, félicitant par la même occasion le griot qui se voyait combler de cadeaux — cadeaux qui sont quasi ses seules ressources dans la vie errante qu'il mène à la maniére des troubadours de jadis.* Rayonnant, échauffé par la danse et les louanges, mon père offrait à chacun des noix de kola,* cette menue monnaie de la civilité guinéenne.

Il ne restait plus à présent qu'à rougir le bijou dans un peu d'eau additionnée de chlore et de sel marin. Je pouvais disparaître: la fête était finie! Mais souvent, comme je sortais de l'atelier, ma mère qui était dans la cour à piler le mil ou le riz, m'appelait.

— Où étais-tu? disait-elle, bien qu'elle le sût parfaitement.

— Dans l'atelier.

— Oui, ton père travaillait l'or. L'or! Toujours l'or!

Et elle donnait de furieux coups de pilon sur le mil ou le riz qui n'en pouvaient mais.

— Ton père se ruine la santé! Voilà ce que ton père fait!

— Il a dansé la 'douga', disais-je.

— La 'douga'! Ce n'est pas la 'douga' qui l'empêchera de s'abîmer les yeux! Et toi, tu ferais mieux de jouer dans la cour plutôt que d'aller respirer la poussière et la fumée dans l'atelier!

Ma mère n'aimait pas que mon père travaillât l'or. Elle savait combien la soudure de l'or est nuisible: un bijoutier épuise ses poumons à souffler au chalumeau,* et ses yeux ont fort à souffrir de la proximité du foyer; peut-être ses yeux souffrent-ils davantage encore de la précision microscopique du travail. Et même n'en eût-il été rien, ma mère n'eût guère plus aimé ce genre de travail: elle le suspectait, car on ne soude pas l'or sans l'aide d'autres métaux, et ma mère pensait qu'il n'est pas strictement honnête de conserver l'or épargné par l'alliage, bien que ce fût chose admise, bien qu'elle acceptât, quand elle portait du coton à tisser, de ne recevoir en retour qu'une pièce de cotonnade d'un poids réduit de moitié.

3

Souvent j'allais passer quelques jours à Tindican, un petit
village à l'ouest de Kouroussa. Ma mère était née à Tindican, et sa mère, ses frères continuaient d'y habiter. Je me
rendais là avec un plaisir extrême, car on m'y aimait fort,
on me choyait, et ma grand-mère particulièrement pour
qui ma venue était une fête; moi, je la chérissais de tout
mon cœur.

C'était une grande femme aux cheveux toujours noirs,
mince, très droite, robuste, jeune encore à dire vrai et qui
n'avait cessé de participer aux travaux de la ferme, bien que
ses fils, qui suffisaient amplement à la tâche, tentassent de
l'en dispenser; mais elle ne voulait pas du repos qu'on lui
offrait, et sans doute était-ce dans cette activité suivie que
gisait le secret de sa verdeur. Elle avait perdu son mari très
tôt, trop tôt, et moi je ne l'avais pas connu. Il arrivait
qu'elle me parlât de lui, mais jamais longtemps: des larmes
interrompaient bientôt son récit, si bien que je ne sais rien
de mon grand-père, rien qui le peigne un peu à mes yeux,
car ni ma mère ni mes oncles ne me parlaient de lui: chez
nous, on ne parle guère des défunts* qu'on a beaucoup aimés;
on a le cœur trop lourd sitôt qu'on évoque leur souvenir.

Quand je me rendais à Tindican, c'était le plus jeune de
mes oncles qui venait me chercher. Il était le cadet de ma
mère et à peine sorti de l'adolescence; aussi me semblait-il
très proche encore de moi. Il était naturellement gentil, et
il n'était pas nécessaire que ma mère lui recommandât de
veiller sur moi: il le faisait spontanément. Il me prenait par
la main, et je marchais à ses côtés; lui, tenant compte de ma
jeunesse, rapetissait ses pas, si bien qu'au lieu de mettre

deux heures pour atteindre Tindican, nous en mettions facilement quatre, mais je ne m'apercevais guère de la longueur du parcours, car toutes sortes de merveilles la coupaient.

Je dis 'merveilles',* parce que Kouroussa est déjà une ville et qu'on n'y a pas le spectacle qu'on voit aux champs et qui, pour un enfant des villes, est toujours merveilleux. A mesure que nous avancions sur la route, nous délogions ici un lièvre, là un sanglier, et des oiseaux partaient dans un grand bruit d'ailes; parfois aussi nous rencontrions une troupe de singes; et chaque fois je sentais un petit pincement au cœur, comme plus surpris que le gibier même que notre approche alertait brusquement. Voyant mon plaisir, mon oncle ramassait des cailloux, les jetait loin devant lui, ou battait les hautes herbes avec une branche morte pour mieux déloger le gibier. Je l'imitais, mais jamais très longtemps: le soleil, dans l'après-midi, luit férocement sur la savane;* et je revenais glisser ma main dans celle de mon oncle. De nouveau nous marchions paisiblement.

— Tu n'es pas trop fatigué? demandait mon oncle.

— Non.

— Nous pouvons nous reposer un moment, si tu veux.

Il choisissait un arbre, un kapokier* ou un néré,* dont l'ombre lui paraissait suffisamment dense, et nous nous asseyions. Il me contait les dernières nouvelles de la ferme: les naissances, l'achat d'une bête, le défrichement d'un nouveau champ ou les méfaits des sangliers, mais c'était les naissances surtout qui éveillaient mon intérêt.

— Il est né un veau, disait-il.

— De qui? demandais-je, car je connaissais chaque bête du troupeau.

— De la blanche.

— Celle qui a les cornes comme un croissant de lune?

— Celle-là même.

— Ah! et le veau, comment est-il?

47

— Beau! beau! avec une étoile blanche sur le front.

— Une étoile?

— Oui, une étoile.

Et je rêvais un moment à cette étoile, je regardais l'étoile. Un veau avec une étoile, c'était pour faire un conducteur de troupeau.

— Mais, dis donc, il doit être beau! disais-je.

— Tu ne peux rien rêver de plus joli. Il a les oreilles si roses, que tu les croirais transparentes.

— J'ai hâte de le voir! Nous irons le voir en arrivant?

— Sûrement.

— Mais tu m'accompagneras?

— Bien sûr, froussard!

Oui, j'avais peur* des grandes bêtes cornues. Mes petits camarades de Tindican s'en approchaient de toutes les manières, se suspendaient à leurs cornes, allaient jusqu'à leur sauter sur le dos; moi, je me tenais à distance. Quand je partais en brousse avec le troupeau, je regardais les bêtes paître, mais je ne m'en approchais pas de trop près; je les aimais bien, mais leurs cornes m'intimidaient. Les veaux, eux, n'avaient pas de cornes, mais ils avaient des mouvements brusques, inattendus: on ne pouvait trop se fier à eux.

— Viens! disais-je à mon oncle. Nous nous sommes assez reposés.

J'avais hâte d'arriver. Si le veau était dans l'enclos, je pourrais le caresser: dans l'enclos, les veaux étaient toujours tranquilles. Je mettrais un peu de sel sur la paume de ma main, et le veau viendrait lécher le sel, je sentirais sa langue doucement râper ma main.

— Pressons le pas! disais-je.

Mais mes jambes ne supportaient pas qu'on les pressât tant: elles ralentissaient; et nous continuions notre route sans hâte, nous flânions. Mon oncle me racontait* comment le singe s'y était pris pour dindonner la panthère qui s'apprêtait à le dévorer, ou comment le rat-palmiste avait fait languir l'hyène toute une nuit pour rien. C'était des histoires cent fois entendues, mais auxquelles je prenais toujours plaisir; mes rires levaient le gibier devant nous.

Avant même d'atteindre Tindican, j'apercevais ma grand-mère venue à notre rencontre. Je lâchais la main de mon oncle et je courais vers elle en criant. Elle me soulevait et me pressait contre sa poitrine, et moi, je me pressais contre elle, l'entourant de mes bras, comme éperdu de bonheur.

— Comment vas-tu, mon petit époux? disait-elle.

— Bien! criais-je. Bien!

— Mais est-ce bien vrai cela?

Et elle me regardait, elle me palpait; elle regardait si j'avais les joues pleines et elle me palpait pour voir si j'avais autre chose que la peau sur les os. Si l'examen la satisfaisait, elle me félicitait; mais quand ses mains ne rencontraient que maigreur — la croissance m'amaigrissait — elle gémissait.

— Voyez-vous ça! disait-elle. On ne mange donc pas à la ville? Tu n'y retourneras pas avant de t'être convenablement remplumé. C'est compris?

— Oui, grand-mère.

— Et ta mère? Et ton père? Ils se portent tous bien chez toi?

Et elle attendait que je lui eusse donné des nouvelles de chacun, avant de me reposer à terre.

— Est-ce que le trajet ne l'a pas trop fatigué? demandait-elle à mon oncle.

— Du tout! disait mon oncle. Nous avons marché comme des tortues, et le voici prêt à courir aussi vite qu'un lièvre.*

Dès lors, à demi rassurée, elle me prenait la main, et nous partions vers le village, nous faisions notre entrée dans le village, moi entre ma grand-mère et mon oncle, mes mains logées dans les leurs. Et sitôt les premières cases atteintes, ma grand-mère criait:

49

— Bonnes gens, voici mon petit époux qui est arrivé!

Les femmes sortaient de leurs cases et accouraient à nous, en s'exclamant joyeusement.

— Mais c'est un vrai petit homme! s'écriaient-elles. C'est vraiment un petit époux que tu as là!

Beaucoup me soulevaient de terre pour me presser contre leur poitrine. Elles aussi examinaient ma mine, ma mine et mes vêtements, qui étaient des vêtements de la ville, et elles déclaraient tout splendide, elles disaient que ma grand-mère avait bien de la chance d'avoir un petit époux tel que moi. De partout elles accouraient, de partout elles venaient m'accueillir; oui, comme si le chef de canton* en personne eût fait son entrée dans Tindican; et ma grand-mère rayonnait de joie.

Ainsi assaillis à chaque case, répondant à l'exubérance des commères, donnant des nouvelles de mes parents, il fallait largement deux heures pour franchir les quelque cent ou deux cents mètres qui séparaient la case de ma grand-mère des premières cases que nous rencontrions. Et quand ces excellentes femmes nous quittaient, c'était pour sur-veiller la cuisson d'énormes platées de riz et de volaille, qu'elles n'allaient pas tarder à nous apporter pour le festin du soir.

Aussi fussé-je même arrivé maigre comme un clou à Tindican, j'étais assuré d'en repartir, dix jours plus tard, tout rebondi et luisant de santé.

La concession de mon oncle était vaste. Si elle était moins peuplée, et de loin, que la nôtre, si elle n'avait pas la même importance, elle s'étendait généreusement comme il en va à la campagne, où la place ne fait pas défaut. Il y avait les enclos pour les vaches, pour les chèvres; il y avait les greniers à riz et à mil, à manioc et à arachides, à gombo,* qui sont comme autant de petites cases dressées sur des socles de pierres pour les préserver de l'humidité. A l'exception de ces enclos et de ces greniers, la concession de mon oncle différait peu de la nôtre; simplement la palissade qui la défendait, était plus robuste: au lieu de roseaux tressés, on s'était servi, pour la bâtir, de solides piquets de bois coupés dans la forêt proche; quant aux cases, elles n'étaient pas autrement construites que les nôtres, mais elles étaient plus primitives.

Mon oncle Lansana, en tant qu'aîné, avait hérité de la concession à la mort de mon grand-père. En fait, mon oncle avait un jumeau qui aurait pu le supplanter, mais Lansana avait vu le jour le premier; et chez nous, c'est le premier-né des jumeaux qui est tenu pour aîné. Il arrive néanmoins que ce droit d'aînesse souffre certain gauchissement, parce qu'il y a toujours un des deux jumeaux qui plus particulièrement impose et, ne fût-il pas le premier-né, se qualifie ainsi héritier.

Peut-être, dans le cas de mes oncles, est-ce le second jumeau qui se fût imposé, car il ne manquait ni de prestige ni d'autorité, mais il n'y pensait même pas: il avait peu de goût pour la terre, et on le voyait rarement à Tindican; il était une fois ici, une fois là; en vérité le hasard seul et ses lointaines visites faisaient connaître où il était; il avait le goût de l'aventure dans le sang. Pour moi, je ne l'ai rencontré qu'une fois: il était revenu à Tindican; il y était de quelques jours et déjà ne songeait qu'à repartir. J'ai conservé le souvenir d'un homme extrêmement séduisant et qui parlait beaucoup, qui n'arrêtait pas de parler, et qu'on ne se lassait pas d'écouter. Il racontait ses aventures, qui étaient étranges, qui dépaysaient, qui m'ouvraient des horizons surprenants. Il me combla de cadeaux. S'était-il spécialement mis en frais pour l'écolier que j'étais, ou n'obéissait-il qu'à sa nature? Je ne sais pas. Quand je le vis repartir vers de nouvelles aventures, je pleurai. Quel était son nom? Je ne m'en souviens plus; peut-être ne l'ai-je jamais su. Je l'avais appelé Bô, durant les quelques jours qu'il était demeuré à Tindican, et c'était le nom aussi que je donnais à mon oncle Lansana, car ainsi surnomme-t-on habituellement les jumeaux, et ce surnom efface le plus souvent leur véritable nom.

Mon oncle Lansana avait encore deux autres frères, dont l'un était récemment marié; le cadet, celui qui venait me chercher à Kouroussa, bien que fiancé, était pour lors un peu jeune pour prendre femme. Ainsi deux familles, mais pas bien nombreuses encore, habitaient la concession, en plus de ma grand-mère et de mon oncle cadet.

Généralement, quand j'arrivais dans l'après-midi, mon oncle Lansana était encore à ses travaux dans les champs, et c'était dans la case de ma grand-mère* que j'entrais d'abord, la case même que, durant mon séjour, je ne cesserais d'occuper.

Cette case, à l'intérieur, ressemblait fort à celle que je partageais à Kouroussa avec ma mère; j'y voyais jusque la même calebasse où ma mère gardait le lait, et identiquement suspendue au toit par trois cordes pour qu'aucune bête n'y accède, identiquement couverte aussi pour empêcher la suie d'y tomber. Ce qui rendait la case singulière à mes yeux, c'était les épis de maïs qui, à hauteur du toit, pendaient en couronnes innombrables et toujours plus réduites selon qu'elles se rapprochaient du faîte; la fumée du foyer n'arrêtait pas d'enfumer les épis et les conservait ainsi hors d'atteinte des termites et des moustiques. Ces couronnes auraient pu servir en même temps de calendrier rustique, car, à mesure que le temps de la récolte nouvelle approchait, elles devenaient moins nombreuses et finalement disparaissaient.

Mais je ne faisais alors qu'entrer dans la case, je ne faisais qu'y poser mes vêtements: ma grand-mère jugeait qu'après avoir fait route de Kouroussa à Tindican, la première chose à faire était de me laver; elle me voulait net, bien qu'elle ne se fît pas trop d'illusions sur la durée de cette netteté, mais du moins, était-ce sous ce signe qu'elle voulait voir commencer mon séjour; et elle me conduisait incontinent dans le lavoir, un petit enclos, à proximité de sa case, entouré de roseaux et dallé de larges pierres. Elle allait retirer la marmite du foyer, versait l'eau dans une calebasse et, après l'avoir attiédie à la température convenable, l'apportait dans le lavoir. Elle me savonnait alors de la tête aux pieds au savon noir* et, après, elle me frottait non sans énergie avec une éponge de filasse* extraite d'arbres tendres. Je sortais du lavoir, resplendissant, le sang avivé et la peau brillante, le cheveu bien noir, et courais me sécher devant le feu.

Mes petits compagnons de jeu étaient là, qui m'attendaient.

— Alors tu es revenu? disaient-ils.

— Je suis revenu.

— Pour longtemps?

— Pour un bout de temps.

Et suivant que j'étais maigre ou gras — car eux aussi donnaient à la mine la première importance — mais j'étais maigre le plus souvent, j'entendais:

— Dis donc, tu te portes bien, toi!

— Oui, disais-je modestement.

Ou:

— Tu n'es pas gros!

— Je grandis, disais-je. Quand tu grandis, tu ne peux pas être gros.

— Non. Tout de même tu n'es pas bien gros.

Et il y avait un temps de silence, parce que chacun réfléchissait à cette croissance, qui fait davantage maigrir les enfants de la ville que les enfants de la campagne. Après quoi, l'un d'eux régulièrement s'écriait:

— En voit-on des oiseaux dans les champs, cette année!

Mais il en allait ainsi toutes les années: toujours il y avait quantité d'oiseaux qui dévoraient les champs, et toujours c'était nous, les gosses, qui avions pour principale occupation de leur faire la chasse.

— J'ai ma fronde,* disais-je.

Je l'avais emportée avec moi, je n'avais garde de l'oublier, et ici, je ne la quittais pour ainsi dire pas, soit pour paître le bétail, soit pour surveiller les moissons du haut des miradors.*

Les miradors tiennent une place importante dans mes séjours à Tindican : on rencontrait partout de ces planchers montés sur des piquets fourchus et comme portés par le flot montant des moissons. Avec mes petits camarades, j'escaladais l'échelle qui y conduisait, et nous chassions à la fronde les oiseaux, les singes parfois, qui venaient piller les champs. Tout au moins était-ce là notre mission, et nous l'accomplissions sans rechigner, bien plus par plaisir que par obligation ; mais il arrivait aussi que, pris par d'autres jeux, nous oubliions pourquoi nous étions là, et, sinon pour moi, pour mes petits camarades tout au moins, cela ne se passait pas sans inconvénient : les parents ne tardaient guère à s'apercevoir que le champ n'avait pas été surveillé, et alors, selon la grandeur du dégât, c'était ou une gronderie bruyante ou le martinet* qui rappelait à la vigilance les guetteurs distraits ; ainsi, dûment édifiés, et quand bien même nous nous faisions de ces confidences passionnantes, que les oreilles des grandes personnes ne doivent pas entendre, et qui sont le plus souvent le récit de rapines puériles, nous tenions néanmoins un œil sur la moisson ; au surplus nos cris et nos chants suffisaient généralement à éloigner les oiseaux, mêmes les mange-mil* qui s'abattaient par bandes compactes.

Mes petits compagnons* étaient pleins de gentillesse. C'étaient d'excellents camarades vraiment, hardis, plus hardis que moi assurément, et même assez casse-cou, mais qui acceptaient de modérer leur fougue foncière par égard pour l'enfant de la ville que j'étais, remplis au surplus de considération pour ce citadin qui venait partager leurs jeux campagnards, et éternellement en admiration devant mes habits d'écolier.*

54

Sitôt séché devant le feu, je les revêtais, ces habits. Mes petits camarades me regardaient avec des yeux avides passer ma chemise khaki à manches courtes, enfiler une culotte de même nuance et chausser des sandales. J'avais aussi un béret, que je ne mettais guère. Mais il suffisait: tant de splendeurs étaient faites pour éblouir de petits campagnards qui n'avaient qu'un caleçon court pour tout vêtement. Moi, cependant, j'enviais leur caleçon qui leur donnait une liberté plus grande. Ces vêtements de ville, qu'il fallait tenir propres, étaient bien embarrassants: ils se salissaient, ils se déchiraient. Quand nous grimpions sur les miradors, je devais prendre garde à ne point m'accrocher aux échelons; quand nous étions sur le mirador, il fallait me tenir à bonne distance des épis fraîchement coupés, mis là pour servir de semences et conservés à l'abri des termites. Et quand nous allumions un feu pour cuire les lézards ou les mulots* que nous avions tués au lance-pierres, je ne devais pas m'approcher trop, moins encore me hasarder à vider le produit de notre chasse: le sang eût taché mes habits, les cendres les eussent noircis; il me fallait regarder vider lézards et mulots, garnir l'intérieur de sel, avant de les poser sur la braise; même pour les déguster, toutes sortes de précautions étaient nécessaires.

Aussi me serais-je volontiers libéré de ces vêtements d'écolier, qui n'étaient bons que pour la ville; et à dire vrai je m'en serais bientôt libéré si j'avais eu autre chose à mettre, mais je n'avais que ces habits avec moi, on ne me donnait pas d'autres vêtements; du moins, ici, pouvais-je les salir ou les déchirer sans qu'on me grondât: ma grand-mère les lavait et les raccommodait sans grands commentaires; j'étais venu pour courir, pour jouer, pour grimper sur les miradors et pour me perdre dans les hautes herbes avec les troupeaux, et, naturellement, je ne pouvais le faire sans dommage pour ces précieux habits.

A la nuit tombante, mon oncle Lansana rentrait des

champs. Il m'accueillait à sa manière, qui était timide. Il parlait peu. A travailler dans les champs à longueur de journée, on devient facilement silencieux; on remue toutes sortes de pensées, on en fait le tour et interminablement on recommence, car les pensées ne se laissent jamais tout à fait pénétrer; ce mutisme des choses,* des raisons profondes des choses, conduit au silence; mais il suffit que ces choses aient été évoquées et leur impénétrabilité reconnue, il en demeure un reflet dans les yeux: le regard de mon oncle Lansana était singulièrement perçant, lorsqu'il se posait: de fait, il se posait peu: il demeurait tout fixé sur ce rêve intérieur poursuivi sans fin dans les champs.

Quand les repas nous réunissaient, souvent je tournais les yeux du côté de mon oncle et généralement, au bout d'un moment, je réussissais à rencontrer son regard; ce regard me souriait, car mon oncle était la bonté même et puis il m'aimait; il m'aimait, je crois bien, autant que ma grand-mère; je répondais à son sourire discret et parfois, moi qui mangeais déjà très lentement, j'en oubliais de manger.

— Tu ne manges pas? disait alors ma grand-mère.

— Si, si, je mange, disais-je.

— Bon, disait ma grand-mère. Il s'agit de tout manger!

Mais il était hors de question naturellement de vider tous les plats de viande et de riz, qu'on avait accumulés pour ce festin de joyeuse arrivée; et ce n'était pas que mes petits copains n'y aidassent de toutes leurs dents: on les avait invités, et ils y allaient de tout cœur, avec un appétit de jeunes loups; mais c'était trop, c'était décidément trop: on ne pouvait arriver à bout d'un tel repas.

— Regarde mon ventre comme il est rond! entendais-je me dire.

Oui, les ventres étaient ronds et, assis à proximité du feu, une laborieuse digestion nous eût conduits au sommeil, si notre sang eût été moins vif. Mais nous, les petits, nous avions une palabre à tenir, une palabre comme les grands;

nous ne nous étions plus vus depuis des semaines, parfois depuis des mois, et nous avions tant de choses à nous conter, tant d'histoires nouvelles à raconter, et c'était l'heure!

Des histoires,* bien sûr, nous en connaissions tous, nous en connaissions en quantité, mais dans le tas, il s'en trouvait toujours qu'on allait entendre pour la première fois, et c'étaient celles-là qu'autour du feu on attendait impatiemment, c'étaient les conteurs de ces histoires-là qu'on attendait d'applaudir.

Ainsi achevais-je cette première journée de campagne, sauf à courir à quelque tam-tam, mais ce n'était pas fête chaque soir: le tam-tam,* à Tindican, ne retentissait pas chaque soir.

4

Décembre me trouvait toujours à Tindican. Décembre, c'est la saison sèche, la belle saison, et c'est la moisson du riz. Chaque année, j'étais invité à cette moisson, qui est une grande et joyeuse fête, et j'attendais impatiemment que mon jeune oncle vînt me chercher. La fête évidemment ne tombait pas à date fixe: elle dépendait de la maturité du riz, et celle-ci à son tour dépendait du ciel, de la bonne volonté du ciel.* Peut-être dépendait-elle plus encore de la volonté des génies du sol,* qu'on ne pouvait se passer de consulter. La réponse était-elle favorable, il ne restait plus, la veille de la moisson, qu'à demander à ces mêmes génies un ciel serein et leur bienveillance pour les moissonneurs exposés aux morsures des serpents.

Le jour venu, à la pointe de l'aube, chaque chef de famille partait couper la première javelle* dans son champ. Sitôt ces prémices* recueillies, le tam-tam donnait le signal de la moisson. Tel était l'usage.* Quant à dire pourquoi on en usait ainsi, pourquoi le signal n'était donné qu'après qu'une javelle eût été prélevée sur chaque champ, je n'aurais pu le dire à l'époque; je savais seulement que c'était l'usage et je ne cherchais pas plus loin. Cet usage, comme tous nos usages, devait avoir sa raison, raison qu'on eût facilement découverte chez les anciens du village, au profond du cœur et de la mémoire des anciens; mais je n'avais pas l'âge alors ni la curiosité d'interroger les vieillards, et quand enfin j'ai atteint cet âge, je n'étais plus en Afrique.

J'incline à croire aujourd'hui* que ces premières javelles retiraient aux champs leur inviolabilité; pourtant je n'ai pas souvenir que ces prémices connussent une destination particulière, je n'ai pas le souvenir d'offrandes. Il arrive que l'esprit seul des traditions survive,* et il arrive aussi que la forme, l'enveloppe, en demeure l'unique expression. Qu'en était-il ici? Je n'en puis juger; si mes séjours à Tindican étaient fréquents, ils n'étaient pas si prolongés que je pusse connaître tout. Je sais seulement que le tam-tam ne retentissait que lorsque ces prémices étaient coupées, et que nous attendions fiévreusement le signal, tant pour la hâte que nous avions de commencer le travail, que pour échapper à l'ombre un peu bien fraîche des grands arbres et à l'air coupant de l'aube.

Le signal donné, les moissonneurs prenaient la route, et je me mêlais à eux, je marchais comme eux au rythme du tam-tam. Les jeunes lançaient leurs faucilles en l'air et les rattrapaient au vol, poussaient des cris, criaient à vrai dire pour le plaisir de crier, esquissaient des pas de danse à la suite des joueurs de tam-tam. Et, certes, j'eusse sagement fait à ce moment de suivre les recommandations de ma grand-mère qui défendait de me trop mêler aux jongleurs, mais il y avait dans ces jongleries, dans ces faucilles tournoyantes que le soleil levant frappait d'éclairs subits, tant d'alacrité, et dans l'air tant d'allégresse, tant d'allant aussi dans le tam-tam, que je n'aurais pu me tenir à l'écart.

Et puis la saison où nous étions ne permettait pas de se tenir à l'écart. En décembre,* tout est en fleur et tout sent bon; tout est jeune; le printemps semble s'unir à l'été, et la campagne, longtemps gorgée d'eau, longtemps accablée de nuées maussades, partout prend sa revanche, éclate; jamais le ciel n'est plus clair, plus resplendissant; les oiseaux chantent, ils sont ivres; la joie est partout, partout elle explose et dans chaque cœur retentit. C'était cette saison-là, la belle saison, qui me dilatait la poitrine, et le tam-tam aussi, je l'avoue, et l'air de fête de notre marche; c'était la belle saison et tout ce qu'elle contient — et qu'elle ne contient pas: qu'elle répand à profusion! — qui me faisait danser de joie.

Parvenus au champ qu'on moissonnerait en premier lieu, les hommes s'alignaient sur la lisière, le torse nu et la faucille prête. Mon oncle Lansana, ou tel autre paysan, car la moisson se faisait de compagnie et chacun prêtait son bras à la moisson de tous, les invitait alors à commencer le travail. Aussitôt les torses noirs se courbaient sur la grande aire dorée, et les faucilles entamaient la moisson. Ce n'était plus seulement la brise matinale à présent qui faisait frémir le champ, c'étaient les hommes, c'étaient les faucilles. Ces faucilles allaient et venaient avec une rapidité, avec une infaillibilité aussi, qui surprenaient. Elles devaient sectionner la tige de l'épi entre le dernier nœud et la dernière feuille tout en emportant cette dernière; eh bien! elles n'y manquaient jamais. Certes, le moissonneur aidait à cette infaillibilité: il maintenait l'épi avec la main et l'offrait au fil de la faucille, il cueillait un épi après l'autre; il n'en demeurait pas moins que la prestesse avec laquelle la faucille allait et venait, était surprenante. Chaque moissonneur au surplus mettait son honneur à faucher avec sûreté et avec la plus grande célérité; il avançait, un bouquet d'épis à la main, et c'était au nombre et à l'importance des bouquets que ses pairs le jaugeaient.

Mon jeune oncle était merveilleux dans cette cueillette du riz: il y devançait les meilleurs. Je le suivais pas à pas, fièrement, et je recevais de ses mains les bottes d'épis. Quand j'avais à mon tour la botte dans la main, je débarrassais les tiges de leurs feuilles et les égalisais, puis je mettais les épis en tas; et je prenais grande attention à ne pas trop les secouer, car le riz toujours se récolte très mûr, et étourdiment secoué, l'épi eût abandonné une partie de ses grains. Je ne liais pas les gerbes que je formais ainsi: c'était là déjà du travail d'homme; mais j'avais permission, la gerbe liée, de la porter au milieu du champ et de la dresser.

A mesure que la matinée avançait, la chaleur gagnait, prenait une sorte de frémissement et d'épaisseur, une consistance à quoi ajoutait encore un voile de fine poussière faite de glèbe foulée et de chaume remué. Mon oncle, alors, chassant de la main la sueur de son front et de sa poitrine, réclamait sa gargoulette.* Je courais la chercher dessous les feuilles, où elle gîtait au frais, et la lui tendais.

— Tu m'en laisseras? disais-je.

— Je ne vais pas la boire toute, dis donc!

Je le regardais boire de longues gorgées à la régalade.

— Allons! voilà qui va mieux, disait-il en me rendant la gargoulette. Cette poussière finit par encrasser la gorge.

Je mettais mes lèvres à la gargoulette, et la fraîcheur de l'eau se glissait en moi, rayonnait subitement en moi; mais c'était une fraîcheur fallacieuse: elle passait vite et, après, j'avais le corps inondé de sueur.

— Retire ta chemise, disait mon oncle. Elle est trempée. Ce n'est pas bon de garder du linge mouillé sur la poitrine.

Et il reprenait le travail, et de nouveau je le suivais pas à pas, fier de nous voir occuper la première place.

— Tu n'es pas fatigué? disais-je.

— Pourquoi serais-je fatigué?

— Ta faucille va vite.

— Elle va, oui.

— On est les premiers!

— Ah! oui?

— Mais tu le sais bien! disais-je. Pourquoi dis-tu 'ah! oui?'

— Je ne vais pas me vanter, tout de même!

— Non.

Et je me demandais si je ne pourrais pas l'imiter, un jour, l'égaler, un jour.

— Tu me laisseras faucher aussi?

— Et ta grand-mère? Que dirait ta grand-mère? Cette faucille n'est pas un jouet; tu ne sais pas comme elle est tranchante!

61

— Je le vois bien.

— Alors? Ce n'est pas ton travail de faucher. Je ne crois pas que ce sera jamais ton travail; plus tard...*

Mais je n'aimais pas qu'il m'écartât ainsi du travail des champs. 'Plus tard...' Pourquoi ce 'plus tard...'? Il me semblait que, moi aussi, j'aurais pu être un moissonneur, un moissonneur comme les autres, un paysan comme les autres. Est-ce que...

— Eh bien, tu rêves? disait mon oncle.

Et je prenais la botte d'épis qu'il me tendait, j'enlevais les feuilles des tiges, j'égalisais les tiges. Et c'était vrai que je rêvais: ma vie n'était pas ici... et elle n'était pas non plus dans la forge paternelle. Mais où était ma vie?* Et je tremblais devant cette vie inconnue. N'eût-il pas été plus simple de prendre la suite de mon père? 'L'école... l'école..., pensais-je; est-ce que j'aime tant l'école?' Mais peut-être la préférais-je. Mes oncles... Oui, j'avais des oncles qui très simplement avaient pris la suite de leur père; j'en avais aussi qui s'étaient frayé d'autres chemins: les frères de mon père étaient partis pour Conakry, le frère jumeau de mon oncle Lansana était... Mais où était-il à présent?

— Alors, tu rêves toujours? disait mon jeune oncle.

— Oui... Non... Je...

— Si tu continues de rêver, nous allons cesser d'être les premiers.

— Je pensais à mon deuxième oncle Bô. Où est-il à présent?

— Dieu le sait! A sa dernière visite, il était... Voilà que je ne sais même plus où il était! Il n'est jamais au même endroit, il est comme l'oiseau: il ne peut demeurer sur l'arbre, il lui faut tout le ciel!

— Et moi, serai-je aussi, un jour, comme l'oiseau?

— Qu'est-ce que tu me racontes?

— Eh bien! tu dis que mon deuxième oncle Bô est comme l'oiseau.

62

— Voudrais-tu être comme lui?

— Je ne sais pas.

— Tu as encore le temps d'y penser, en tout cas. En attendant, débarrasse-moi de ma botte.

Et il reprenait sa cueillette; bien que son corps ruisselât, il la reprenait comme s'il l'entamait seulement, avec le même cœur. Mais la chaleur malgré tout pesait, l'air pesait; et la fatigue s'insinuait: les lampées d'eau ne suffisaient plus à l'éloigner, et c'est pourquoi nous la combattions en chantant.

— Chante avec nous, disait mon oncle.

Le tam-tam, qui nous avait suivi à mesure que nous pénétrions plus avant dans le champ, rythmait les voix. Nous chantions en chœur, très haut souvent, avec de grands élans, et parfois très bas, si bas qu'on nous entendait à peine; et notre fatigue s'envolait, la chaleur s'atténuait.

Si alors, suspendant un instant ma marche, je levais le regard sur les moissonneurs, la longue file des moissonneurs, j'étais frappé, délicieusement frappé, délicieusement ravi par la douceur, l'immense, l'infinie douceur de leurs yeux,* par les regards paisibles — et ce n'est pas assez dire: lointains et comme absents! — qu'ils promenaient par intervalles autour d'eux. Et pourtant, bien qu'ils me parussent tous alors à des lieues de leur travail, que leurs regards fussent à des lieues de leur travail, leur habileté n'était pas en défaut; les mains, les faucilles poursuivaient leur mouvement sans défaut.

Que regardaient à vrai dire ces yeux? Je ne sais pas. Les alentours? Peut-être! Peut-être les arbres au loin, le ciel très loin. Et peut-être non! Peut-être ces yeux ne regardaient-ils rien; peut-être était-ce de ne rien regarder de visible, qui les rendait si lointains et comme absents. La longue file moissonneuse s'enfonçait dans le champ, abattait le champ; n'était-ce pas assez? N'était-ce pas assez de cet effort et de ces torses noirs devant lesquels les épis s'inclinaient? Ils chantaient, nos hommes, ils moissonnaient; ils chantaient en chœur, ils moissonnaient ensemble: leurs voix s'accordaient, leurs gestes s'accordaient; ils étaient ensemble!* — unis dans un même travail, unis par un même chant. La même âme les reliait, les liait; chacun et tous goûtaient le plaisir, l'identique plaisir d'accomplir une tâche commune.

Était-ce ce plaisir-là, ce plaisir-là bien plus que le combat contre la fatigue, contre la chaleur, qui les animait, qui les faisait se répandre en chants? C'était visiblement ce plaisir-là; et c'était le même aussi qui mettait dans leurs yeux tant de douceur, toute cette douceur dont je demeurais frappé, délicieusement et un peu douloureusement frappé, car j'étais près d'eux, j'étais avec eux, j'étais dans cette grande douceur, et je n'étais pas entièrement avec eux:* je n'étais qu'un écolier en visite — et comme je l'eusse volontiers oublié!

De fait, je l'oubliais; j'étais fort jeune encore et j'oubliais; ce qui me traversait l'esprit, et tant de choses me traversaient l'esprit, avait le plus souvent moins de durée, moins de consistance que les nuées qui traversent le ciel; et puis j'étais à l'âge — mais j'ai toujours cet âge! — où l'on vit avant tout dans le présent, où le fait d'occuper la première place dans une file de moissonneurs avait plus d'importance que mon avenir même.

— Presse-toi! disais-je à mon oncle.

— Ah! te voilà réveillé? disait-il.

— Oui, mais ne perds pas de temps!

— Est-ce que j'en perds?

— Non, mais tu pourrais en perdre. Nous ne sommes pas tellement en avance.

— Tu crois?

Et il jetait un regard sur la moisson.

— C'est cela que tu appelles n'être pas tellement en avance? disait-il. Eh bien! je n'ai sûrement pas perdu de temps, mais peut-être ferais-je bien à présent d'en perdre un peu. N'oublie pas que je ne dois pas non plus trop distancer les autres : ce ne serait pas poli.

Je ne sais d'où vient que l'idée de rusticité* — je prends le mot dans son acception de manque de finesse, de délicatesse — s'attache aux champs : les formes de la civilité y sont plus respectées qu'à la ville ; on y observe un ton cérémonieux et des manières que, plus expéditive, la ville ne connaît pas. C'est la vie, la vie seulement, qui y est plus simple, mais les échanges entre les hommes — peut-être parce que tout le monde se connaît — y sont plus strictement réglés. Je remarquais dans tout ce qui se faisait, une dignité dont je ne rencontrais pas toujours l'exemple à la ville ; et on ne faisait rien à quoi on n'eût été au préalable invité, même s'il allait de soi qu'on le fît : on y montrait en vérité un extraordinaire souci de la liberté d'autrui. Et pour l'esprit, s'il était plus lent, c'est que la réflexion précédait la parole, mais aussi la parole avait-elle meilleur poids.

Lorsque midi approchait, les femmes quittaient le village et se dirigeaient en file indienne vers le champ, chargées de fumantes platées de couscous.* Sitôt que nous les apercevions, nous les saluions à grands cris. Midi ! Il était midi ! Et sur toute l'étendue du champ, le travail se trouvait interrompu.

— Viens ! disait mon jeune oncle. Viens !

Et je galopais à sa suite.

— Pas si vite ! disais-je. Je n'arrive pas à te suivre !

— Tu n'as donc pas le ventre creux ? disait-il. Le mien est si creux que je pourrais y loger un bœuf !

Et de fait l'appétit était merveilleusement aiguisé. La chaleur avait beau être forte, et le champ, avec sa poussière et son frémissement, être une fournaise, l'appétit n'en était pas freiné : nous étions assis autour des plats, et le couscous brûlant, plus brûlant encore du fait des épices, disparaissait,

65

s'engouffrait, coupé, aidé de rasades fraîches, puisées dans les grandes jarres couvertes de feuilles de bananier.

La trêve se prolongeait jusqu'à deux heures, et les hommes la passaient à dormir à l'ombre des arbres ou à affûter les faucilles. Pour nous, infatigables, nous jouions, nous allions tendre des pièges; et si nous menions grand bruit à notre accoutumée, nous nous gardions néanmoins de siffler, car on ne doit ni siffler ni ramasser du bois mort* durant tout le temps que dure la moisson: ce sont des choses qui attirent le malheur sur le champ.

Le travail de l'après-midi, beaucoup plus court, passait comme une flèche: il était cinq heures avant que nous nous en doutions. La grande aire était maintenant dépouillée de sa richesse, et nous regagnions en cortège le village — les hauts fromagers* déjà, les tremblantes fumées des cases déjà nous faisaient signe —, précédés de l'inlassable joueur de tam-tam et lançant à tous les échos la chanson du riz.

Au-dessus de nous, les hirondelles déjà volaient plus bas, bien que l'air fût toujours aussi transparent, mais la fin du jour approchait. Nous rentrions heureux, las et heureux. Les génies nous avaient constamment secondés:* pas un de nous qui eût été mordu par les serpents que notre piétinement dans les champs avait délogés. Les fleurs, que l'approche du soir réveillait, exhalaient de nouveau tout leur parfum et nous enveloppaient comme de fraîches guirlandes. Si notre chant avait été moins puissant, nous eussions perçu le bruit familier des fins de journée: les cris, les rires éclatants mêlés aux longs meuglements des troupeaux rejoignant l'enclos; mais nous chantions, nous chantions! Ah! que nous étions heureux, ces jours-là!

5

A Kouroussa, j'habitais la case de ma mère. Mes frères qui étaient plus jeunes, et mes sœurs, dont l'aînée me suivait à un an d'intervalle, dormaient chez ma grand-mère paternelle. Ainsi le voulait l'exiguïté des cases. Ce n'était que durant le temps qu'ils avaient pris le sein, que ma mère avait gardé mes sœurs et mes frères auprès d'elle; sitôt sevrés — c'est l'habitude de sevrer très tard* — elle les avait confiés à ma grand-mère; seul, j'étais demeuré avec elle. Mais je n'étais pas seul à occuper le second lit de la case: je partageais ce lit avec les plus jeunes apprentis de mon père.

Mon père avait toujours quantité d'apprentis dans son atelier, des apprentis venus d'un peu partout et souvent de très loin, d'abord parce qu'il les traitait bien, je pense, et surtout parce que son habileté d'artisan était abondamment établie, et encore, j'imagine, parce que sa forge ne chômait jamais. Mais, ces apprentis, il fallait les loger.

Ceux qui avaient l'âge d'homme possédaient leur case propre. Les plus jeunes,* ceux qui comme moi n'étaient pas circoncis, dormaient dans la case de ma mère. Sans doute mon père jugeait-il qu'ils ne pourraient avoir de meilleur logement que sous la surveillance de ma mère, et il en jugeait à bon droit; ma mère* avait beaucoup de bonté, beaucoup de droiture, beaucoup d'autorité aussi et l'œil à tout; c'est dire que sa bonté n'allait pas absolument sans sévérité, mais comment en eût-il été autrement, alors que nous étions, à l'époque, outre les apprentis, une dizaine d'enfants à courir d'un coin à l'autre de la concession, des enfants pas toujours sages et toujours remuants, des enfants qui mettaient la patience de leur mère à rude épreuve — et ma mère n'avait pas grande patience.

Je crois bien qu'elle avait meilleure patience pour les apprentis que pour nous; je crois qu'elle se contraignait plus pour les apprentis que pour nous. Ces apprentis qui étaient loin de leurs parents, ma mère, mon père aussi leur donnaient une entière affection; très réellement ils les traitaient comme des enfants qui auraient eu besoin d'un surcroît d'affection, et — je l'ai plus d'une fois remarqué — certainement avec plus d'indulgence que nous-mêmes. Si j'avais meilleure part dans le cœur de ma mère — et j'avais sûrement meilleure part —, extérieurement il n'y paraissait pas: les apprentis pouvaient se croire sur un pied d'égalité avec les vrais fils; et quant à moi, je les considérais comme des frères aînés.

Je garde plus spécialement souvenir de l'un d'eux: Sidafa. Il était un peu plus âgé que moi, fort éveillé, mince et vif, de sang chaud déjà, riche en inventions et en expédients de toutes sortes. Comme je passais mes journées à l'école, et lui dans l'atelier, nous ne nous rencontrions jamais si bien pour bavarder qu'au lit. L'air, dans la case, était tiède, et les lampes à huile posées au chevet du lit répandaient une lumière très douce. Je répétais à Sidafa ce que j'avais appris à l'école; en échange, il me narrait par le menu le travail de l'atelier. Ma mère, dont le lit n'était séparé du nôtre que par le foyer, écoutait forcément notre bavardage; tout au moins l'écoutait-elle un bout de temps, après quoi, n'y prenant pas part, elle se lassait.

— Eh bien, est-ce pour bavarder ou pour dormir que vous vous mettez au lit? disait-elle. Dormez!

— Un petit moment encore, disais-je; je n'ai pas tout raconté.

Ou je me levais et j'allais prendre une gorgée d'eau au canari* posé au sec sur sa couche de gravier. Mais le sursis que je demandais, ne nous était pas toujours accordé, et quand il nous était accordé, nous en abusions si bien, que ma mère intervenait plus énergiquement.

— Est-ce bientôt fini? disait-elle. Je ne veux plus entendre un mot! Demain, vous ne pourrez vous réveiller, ni l'un ni l'autre.

Ce qui était vrai: si nous n'étions jamais très pressés de dormir, nous n'étions pas non plus jamais très pressés de nous réveiller; et nous interrompions notre bavardage: les lits étaient trop proches et l'oreille de ma mère trop fine pour que nous le poursuivions à voix basse. Et puis, maintenant que nous nous taisions, nous sentions très vite nos paupières s'alourdir; le pétillement familier du foyer et la chaleur des draps faisaient le reste: nous sombrions dans le sommeil.

Au réveil, après nous être fait un peu bien prier, nous trouvions prêt le repas du matin. Ma mère se levait aux premières lueurs de l'aube pour le préparer. Nous nous asseyions tous autour des plats fumants: mes parents, mes sœurs, mes frères, les apprentis, ceux qui partageaient mon lit comme ceux qui avaient leur case propre. Il y avait un plat pour les hommes, et un second pour ma mère et pour mes sœurs.

Je ne puis dire exactement que ma mère présidait le repas: mon père le présidait. C'était la présence de ma mère pourtant qui se faisait sentir en premier. Était-ce parce qu'elle avait préparé la nourriture, parce que les repas sont choses qui regardent d'abord les femmes? Sans doute, mais ce n'était pas tout: c'était ma mère, par le seul fait de sa présence,* et bien qu'elle ne fût pas directement assise devant notre plat, qui veillait à ce que tout se passât dans les règles; et ces règles étaient strictes.

Ainsi il m'était interdit de lever les yeux sur les convives plus âgés, et il m'était également interdit de bavarder: toute mon attention devait être portée sur le repas. De fait, il

69

eût été très peu poli de bavarder à ce moment; mes plus jeunes frères même n'ignoraient pas que l'heure n'était pas à jacasser: l'heure était à honorer la nourriture; les personnes âgées observaient quasiment le même silence. Ce n'était pas les seules règles: celles qui concernaient la propreté n'étaient pas les moindres. Enfin s'il y avait de la viande au centre du plat, je n'avais pas à m'en emparer; je devais me servir devant moi, mon père se chargeant de placer la viande à ma portée. Toute autre façon de faire eût été mal vue et rapidement réprimée; du reste les repas étaient très suffisamment copieux pour que je ne fusse point tenté de prendre plus que je ne recevais.

Le repas achevé, je disais:

— Merci, papa.

Les apprentis disaient:

— Merci, maître.

Après, je m'inclinais devant ma mère et lui disais:

— Le repas était bon, maman.

Mes frères, mes sœurs, les apprentis en faisaient autant. Mes parents répondaient à chacun: 'Merci.' Telle était la bonne règle. Mon père se fût certainement offusqué de la voir transgresser, mais c'est ma mère, plus vive, qui eût réprimé la transgression; mon père avait l'esprit à son travail, il abandonnait ces prérogatives à ma mère.

Je sais que cette autorité dont ma mère témoignait, paraîtra surprenante; le plus souvent on imagine dérisoire le rôle de la femme africaine,* et il est des contrées en vérité où il est insignifiant, mais l'Afrique est grande, aussi diverse que grande. Chez nous, la coutume ressortit à une foncière indépendance, à une fierté innée; on ne brime que celui qui veut bien se laisser brimer, et les femmes se laissent très peu brimer. Mon père, lui, ne songeait à brimer personne, ma mère moins que personne; il avait grand respect pour elle, et nous avions tous grand respect pour elle, nos voisins aussi, nos amis aussi. Cela tenait, je crois bien, à la personne même de ma mère, qui imposait; cela tenait encore aux pouvoirs qu'elle détenait.*

J'hésite un peu à dire quels étaient ces pouvoirs et je ne veux même pas les décrire tous: je sais qu'on en accueillera le récit avec scepticisme. Moi-même, quand il m'arrive aujourd'hui* de me les remémorer, je ne sais plus trop comment je les dois accueillir: ils me paraissent incroyables; ils sont incroyables! Pourtant il suffit de me rappeler ce que j'ai vu, ce que mes yeux ont vu. Puis-je récuser le témoignage de mes yeux? Ces choses incroyables, je les ai vues; je les revois comme je les voyais. N'y a-t-il pas partout des choses qu'on n'explique pas?* Chez nous, il y a une infinité de choses qu'on n'explique pas, et ma mère vivait dans leur familiarité.

Un jour — c'était à la fin du jour — j'ai vu des gens requérir l'autorité de ma mère pour faire se lever un cheval qui demeurait insensible à toutes les injonctions. Le cheval était en pâture, couché, et son maître voulait le ramener dans l'enclos avant la nuit; mais le cheval refusait obstinément de se lever, bien qu'il n'eût apparemment aucune raison de ne pas obéir, mais telle était sa fantaisie du moment, à moins qu'un sort ne l'immobilisât. J'entendis les gens s'en plaindre à ma mère et lui demander aide.

— Eh bien! allons voir ce cheval, dit ma mère.

Elle appela l'aînée de mes sœurs et lui dit de surveiller la cuisson du repas, puis s'en fut avec les gens. Je la suivis. Parvenus à la pâture, nous vîmes le cheval: il était couché dans l'herbe et nous regarda avec indifférence. Son maître essaya encore de le faire se lever, le flatta, mais le cheval demeurait sourd; son maître s'apprêta alors à le frapper.

— Ne le frappe pas, dit ma mère, tu perdrais ta peine.

Elle s'avança et, levant la main, dit solennellement:

— S'il est vrai que, depuis que je suis née, jamais je n'ai connu d'homme avant mon mariage; s'il est vrai encore que, depuis mon mariage, jamais je n'ai connu d'autre homme que mon mari, cheval, lève-toi!

Et tous nous vîmes le cheval se dresser aussitôt et suivre docilement son maître. Je dis très simplement, je dis fidèlement* ce que j'ai vu, ce que mes yeux ont vu, et je pense en vérité que c'est incroyable, mais la chose est bien telle que je l'ai dite: le cheval se leva incontinent et suivit son maître; s'il eût refusé d'avancer, l'intervention de ma mère eût eu pareil effet.

D'où venaient ces pouvoirs? Eh bien! ma mère était née immédiatement après mes oncles jumeaux de Tindican. Or on dit des frères jumeaux* qu'ils naissent plus subtils que les autres enfants et quasiment sorciers; et quant à l'enfant qui les suit et qui reçoit le nom de 'sayon', c'est-à-dire de 'puîné des jumeaux', il est, lui aussi, doué du don de sorcellerie; et même on le tient pour plus redoutable encore, pour plus mystérieux encore que les jumeaux, auprès desquels il joue un rôle fort important: ainsi s'il arrive aux jumeaux de ne pas s'accorder, c'est à son autorité qu'on recourra pour les départager; au vrai, on lui attribue une sagesse supérieure à celle des jumeaux, un rang supérieur; et il va de soi que ses interventions sont toujours, sont forcément délicates.

C'est notre coutume que des jumeaux doivent s'accorder sur tout et qu'ils ont droit à une égalité plus stricte que les autres enfants: on ne donne rien à l'un qu'il ne faille obligatoirement et aussitôt donner à l'autre. C'est une obligation qu'il est préférable de ne pas prendre à la légère: y contrevient-on, les jumeaux ressentent également l'injure, règlent la chose entre eux et, le cas échéant, jettent un sort sur qui leur a manqué. S'élève-t-il entre eux quelque contestation — l'un, par exemple, a-t-il formé un projet que l'autre juge insensé — ils en appellent à leur puîné et se rangent docilement à sa décision.

J'ignore si ma mère avait eu souvent à intervenir auprès

de mes oncles jumeaux, mais même si ses interventions avaient été rares, elles avaient dû très tôt la conduire à peser le pour et le contre, elles avaient dû très tôt former son jugement;* et ainsi dit-on du puîné qu'il a meilleure sagesse que les jumeaux, la chose s'explique: le puîné assume des responsabilités plus lourdes que les jumeaux.

J'ai donné un exemple des pouvoirs de ma mère; j'en pourrais donner d'autres, autrement étranges, autrement mystérieux. Combien de fois n'ai-je point vu ma mère, au lever du jour, s'avancer de quelques pas dans la cour, tourner la tête dans telle ou telle direction, et puis crier d'une voix forte:

— Si cette entreprise se poursuit, je ne tarderai plus à la révéler! Tiens-toi-le pour dit!

Sa voix, dans le matin, portait loin; elle allait frapper le jeteur de sorts contre qui la menace avait été proférée; celui-ci comprenait que s'il ne cessait ses manœuvres nocturnes, ma mère dénoncerait son nom en clair; et cette crainte opérait: désormais le jeteur de sorts se tenait coi. Ma mère était avertie de ces manœuvres durant son sommeil; c'est la raison pour laquelle on ne la réveillait jamais, de peur d'interrompre le déroulement de ses rêves et des révélations qui s'y glissaient. Ce pouvoir était bien connu à nos voisins et à tout notre quartier; il ne se trouvait personne qui le contestât.

Mais si ma mère avait le don de voir ce qui se tramait de mauvais et la possibilité d'en dénoncer l'auteur, son pouvoir n'allait pas au-delà: son don de sorcellerie* ne lui permettait, l'eût-elle voulu, de rien tramer elle-même. Elle n'était donc point suspecte. Si l'on se montrait aimable à son égard, ce n'était aucunement par crainte: on se montrait aimable parce qu'on la jugeait digne d'amabilité, parce qu'on respectait en elle un don de sorcellerie dont il n'y avait rien à craindre* et, tout au contraire, beaucoup à attendre. C'était là une amabilité très différente de celle qu'on

73

donnait des lèvres, du bout des lèvres uniquement, aux jeteurs de mauvais sorts.

A ce don, ce demi-don plutôt de sorcellerie, ma mère ajoutait d'autres pouvoirs qu'elle tenait également par voie d'héritage. Son père, à Tindican, avait été un habile forgeron, et ma mère détenait les pouvoirs habituels de cette caste,* qui fournit la majorité des circonciseurs et nombre de diseurs de choses cachées. Les frères de ma mère avaient choisi de devenir cultivateurs, mais il n'eût tenu qu'à eux de continuer le métier de leur père. Peut-être mon oncle Lansana, qui parlait peu, qui rêvait beaucoup, avait-il, en jetant son dévolu sur la vie paysanne, sur l'immense paix des champs, détourné ses frères de la forge paternelle. Je ne sais, mais cela me paraît assez probable. Était-il, lui aussi, un diseur de choses cachées? J'incline à le croire: il avait les pouvoirs habituels des jumeaux et les pouvoirs de sa caste, seulement je ne crois pas qu'il les manifestât beaucoup. J'ai dit combien il était secret, combien il aimait être seul en face de ses pensées, combien il me paraissait absent; non, il n'était pas homme à se manifester. C'est en ma mère que revivait le plus visiblement — j'allais dire: ostensiblement — l'esprit de sa caste. Je ne prétends pas qu'elle y fût plus fidèle que mes oncles, mais elle était seule à montrer sa fidélité. Enfin elle avait, il va de soi, hérité de mon grand-père son totem, qui est le crocodile.* Ce totem permettait à tous les Daman de puiser impunément l'eau du fleuve Niger.

En temps normal, tout le monde se fournit d'eau au fleuve. Le Niger alors coule largement, paresseusement; il est guéable;* et les crocodiles qui se tiennent en eau profonde, soit en amont, soit en aval de l'endroit où chacun puise, ne sont pas à craindre. On peut librement se baigner près des bancs de sable clair, et laver le linge.

En temps de crue, il n'en va plus de même: le fleuve triple de volume, envahit de larges étendues; l'eau est partout profonde, et les crocodiles partout menaçants: on aperçoit leurs têtes triangulaires au ras de l'eau. Aussi chacun se tient-il à distance du fleuve et se contente-t-il de puiser l'eau des petits affluents.

Ma mère, elle, continuait de puiser l'eau du fleuve. Je la regardais puiser l'eau à proximité des crocodiles. Bien entendu, je la regardais de loin, car mon totem n'est pas celui de ma mère, et j'avais, moi, tout à craindre de ces bêtes voraces; mais ma mère puisait l'eau sans crainte, et personne ne l'avertissait du danger, car chacun savait que ce danger pour elle était inexistant. Quiconque se fût risqué à faire ce que ma mère faisait, eût été inévitablement renversé d'un coup de queue, saisi entre les redoutables mâchoires et entraîné en eau profonde. Mais les crocodiles ne pouvaient pas faire de mal à ma mère, et le privilège se conçoit: il y a identité entre le totem et son possesseur; cette identité est absolue, est telle que le possesseur a le pouvoir de prendre la forme même de son totem; dès lors il saute aux yeux que le totem ne peut se dévorer lui-même. Mes oncles de Tindican jouissaient de la même prérogative.

Je ne veux rien dire de plus et je n'ai relaté que ce que mes yeux ont vu. Ces prodiges* — en vérité, c'étaient des prodiges! — j'y songe aujourd'hui comme aux événements fabuleux d'un lointain passé. Ce passé pourtant est tout proche: il date d'hier. Mais le monde bouge, le monde change, et le mien plus rapidement peut-être que tout autre, et si bien qu'il semble que nous cessons d'être ce que nous étions, qu'au vrai nous ne sommes plus ce que nous étions, et que déjà nous n'étions plus exactement nous-mêmes dans le moment où ces prodiges s'accomplissaient sous nos yeux. Oui, le monde bouge, le monde change; il bouge et change à telle enseigne que mon propre totem — j'ai mon totem aussi — m'est inconnu.

6

J'ai fréquenté très tôt l'école. Je commençai par aller à l'école coranique,* puis, un peu plus tard, j'entrai à l'école française.* J'ignorais alors tout à fait que j'allais y demeurer des années et des années, et sûrement ma mère l'ignorait autant que moi, car, l'eût-elle deviné, elle m'eût gardé près d'elle; mais peut-être déjà mon père le savait-il...*

Aussitôt après le repas du matin, ma sœur et moi prenions le chemin de l'école, nos cahiers et nos livres enfermés dans un cartable de raphia.*

En cours de route, des camarades nous rejoignaient, et plus nous approchions du bâtiment officiel, plus notre bande grossissait. Ma sœur ralliait le groupe des filles; moi, je demeurais avec les garçons. Et comme tous les garnements de la terre, nous aimions nous moquer des filles et les houspiller; et les filles n'hésitaient pas à nous retourner nos moqueries et à pouffer de rire à notre nez. Mais quand nous leur tirions les cheveux, elles ne se contentaient plus de lazzi,* elles se défendaient avec bec et ongles, et copieusement, griffant avec force, nous injuriant avec plus de force encore et avec une infinie variété, sans que pour si peu notre ardeur ralentît beaucoup. Je n'épargnais que ma sœur, et celle-ci en retour me ménageait également. Fanta, une de ses compagnes, faisait de même, bien que moi, je ne l'épargnasse guère.

— Pourquoi me tires-tu les cheveux? dit-elle, un jour que nous étions seuls dans la cour de l'école.

— Pourquoi ne te les tirerais-je pas? dis-je. Tu es une fille!

— Mais moi, je ne t'ai jamais injurié!

— Non, toi, tu ne m'injuries pas, dis-je.

Et je demeurai un instant pensif : jusque-là, je ne m'étais pas aperçu qu'elle était la seule, avec ma sœur, à ne m'avoir jamais injurié.

— Pourquoi ne m'injuries-tu pas ? dis-je.

— Pour ça !

— Pour ça ? Ce n'est pas une réponse. Que veux-tu dire ?

— Même si tu me tirais les cheveux maintenant, je ne t'injurierais pas.

— Alors je vais te les tirer ! dis-je.

Mais pourquoi les lui eussé-je tirés ? Cela se faisait seulement quand nous étions en bande. Et parce que je ne mettais pas ma menace à exécution, elle éclata de rire.

— Attends que nous soyons sur le chemin de l'école ! dis-je. Tu ne perdras rien pour avoir attendu !

Elle se sauva en riant. Mais moi, sur le chemin de l'école, je ne sais quoi me retenait, et le plus souvent j'épargnais Fanta. Ma sœur ne fut pas longue à l'observer.

— Tu ne tires pas souvent les cheveux à Fanta, dit-elle.

— Pourquoi veux-tu que je lui tire les cheveux ? dis-je. Elle ne m'injurie pas.

— Crois-tu que je ne m'en sois pas aperçue ?

— Alors tu sais aussi pourquoi je l'épargne.

— Ah ! vraiment ? dit-elle. Pour cela seulement ?

Que voulait-elle dire ? Je haussai les épaules : c'étaient des histoires de filles, des histoires auxquelles on ne comprenait rien. Toutes les filles étaient comme ça.

— Fiche-moi la paix avec Fanta ! dis-je. Tu m'ennuies !

Mais elle se mit à rire aux éclats.

— Écoute, dis-je, si tu continues de rire...

Elle s'écarta jusqu'à se mettre hors de portée, puis cria brusquement :

— Fanta !... Fanta !...

— Est-ce que tu vas te taire ? dis-je.

77

Mais elle reprit de plus belle, et je m'élançai, mais elle s'enfuit en criant:

— Fanta!... Fanta!...

Je regardai autour de moi s'il n'y avait pas un caillou que je pourrais lui jeter; il n'y en avait pas. 'Nous réglerons cela plus tard' pensai-je.

A l'école, nous gagnions nos places, filles et garçons mêlés, réconciliés et, sitôt assis, nous étions tout oreille, tout immobilité, si bien que le maître donnait ses leçons dans un silence impressionnant. Et il eût fait beau voir que nous eussions bougé! Notre maître était comme du vif-argent: il ne demeurait pas en place; il était ici, il était là, il était partout à la fois; et sa volubilité eût étourdi des élèves moins attentifs que nous. Mais nous étions extra-ordinairement attentifs et nous l'étions sans nous forcer: pour tous, quelque jeunes que nous fussions, l'étude était chose sérieuse, passionnante;* nous n'apprenions rien qui ne fût étrange, inattendu et comme venu d'une autre planète; et nous ne nous lassions jamais d'écouter. En eût-il été autrement, le silence n'eût pas été moins absolu sous la férule d'un maître qui semblait être partout à la fois et ne donnait à aucun occasion de dissiper personne. Mais je l'ai dit: l'idée de dissipation ne nous effleurait même pas; c'est aussi que nous cherchions à attirer le moins possible l'attention du maître: nous vivions dans la crainte per-pétuelle d'être envoyés au tableau.

Ce tableau noir était notre cauchemar: son miroir sombre ne reflétait que trop exactement notre savoir; et ce savoir souvent était mince, et quand bien même il ne l'était pas, il demeurait fragile; un rien l'effarouchait. Or, si nous voulions ne pas être gratifiés d'une solide volée de coups de bâton, il s'agissait, la craie à la main, de payer comptant. C'est que le plus petit détail ici prenait de l'importance: le fâcheux tableau amplifiait tout; et il suffisait en vérité, dans les lettres que nous tracions, d'un jambage qui ne fût pas à la hauteur des autres, pour que nous fussions invités soit à prendre, le dimanche, une leçon supplémentaire, soit à faire visite au maître, durant la récréation, dans une classe qu'on appelait la classe enfantine, pour y recevoir sur le derrière une correction toujours mémorable. Notre maître avait les jambages irréguliers en spéciale horreur: il examinait nos copies à la loupe et puis nous distribuait autant de coups de trique qu'il avait trouvé d'irrégularités. Or, je le rappelle, c'était un homme comme du vif-argent, et il maniait le bâton avec une joyeuse verdeur!

Tel était alors l'usage pour les élèves de la petite classe. Plus tard, les coups de bâton se raréfiaient, mais pour faire place à des formes de punition guère plus réjouissantes. Au vrai, j'ai connu une grande variété de punitions dans cette école, mais point de variété dans le déplaisir; et il fallait que le désir d'apprendre fût chevillé au corps, pour résister à semblable traitement.

La punition la plus banale, en deuxième année, consistait à balayer la cour. C'était l'instant où l'on constatait le mieux combien cette cour était vaste et combien les goyaviers* y étaient plantés dru; ces goyaviers n'étaient là, eût-on juré, que pour salir le sol de leurs feuilles et réserver étroitement leurs fruits pour d'autres bouches que les nôtres. En troisième et quatrième année, on nous mettait allégrement au travail dans le potager; je me suis fait réflexion depuis qu'on eût difficilement trouvé main d'œuvre à meilleur compte. Dans les deux dernières classes enfin, celles qui aboutissent au certificat d'études, on nous confiait — avec un empressement dont nous nous serions facilement passé — le gardiennage du troupeau de l'école.

Ce gardiennage* n'était pas une plaisanterie! On n'eût point découvert, à des lieues à la ronde, un troupeau moins paisible que celui de l'école. Il suffisait qu'un cultivateur possédât une bête vicieuse, on était assuré de voir la bête rallier notre troupeau; ce qui s'explique — ce que la ladrerie tout au moins explique! — le cultivateur, lui, évidemment n'avait d'autre souci que de se débarrasser de la bête et, forcément, il s'en débarrassait à très bas prix; l'école, elle, se précipitait sur la prétendue aubaine; notre école possédait ainsi la plus singulière, la plus variée, la plus complète collection de bêtes au coup de corne sournois ou se défilant à gauche quand on les appelait à droite.

Ces bêtes galopaient follement dans la brousse, comme si un essaim les eût constamment turlupinées, et nous galopions après elles sur des distances invraisemblables. Fort curieusement, elles paraissaient plus enclines à se disperser ou à se battre entre elles, qu'à chercher pitance. Mais ce pittoresque ne faisait aucunement notre affaire: nous savions qu'au retour, on ne manquerait pas d'évaluer à la courbure du ventre l'herbe tondue; et gare à nous, si le ventre de ces bêtes efflanquées n'apparaissait pas suffisamment arrondi!

Gare à nous, et dans une proportion bien autrement inquiétante, s'il eût manqué une tête dans ce troupeau du diable! Au soir, nous nous essoufflions à grouper les bêtes; nous le faisions à coups redoublés de gourdin, ce qui n'arrangeait pas grand-chose, je le crains, et n'améliorait certainement pas le caractère de ces bêtes fantasques; puis nous les menions s'abreuver copieusement pour compenser le peu de volume que l'herbe tenait dans leur estomac. Nous rentrions de là, fourbus; et il va sans dire qu'aucun de nous n'aurait eu l'audace de regagner l'école, sans avoir réuni le troupeau au complet; mieux vaut ne pas penser à ce qu'une tête perdue nous eût coûté!

Tels étaient nos rapports avec nos maîtres, tel en était tout au moins l'aspect sombre, et, bien entendu, nous n'avions d'autre hâte que de voir notre existence d'écolier s'achever, d'autre hâte que de remporter au plus tôt le fameux certificat d'études qui, en fin de compte, devait nous sacrer 'savants'. Mais quand je songe à ce que nous faisaient endurer les élèves de dernière année, il me semble n'avoir encore rien dit de ce côté sombre de notre vie d'écolier. Ces élèves — je me refuse à les appeler 'compagnons' — parce qu'ils étaient plus âgés que nous, plus forts que nous et moins étroitement surveillés, nous persécutaient de toutes manières. C'était leur façon de se donner de l'importance — en auraient-ils jamais une plus haute? — et peut-être, je l'accorde, une façon aussi de se venger du traitement qu'ils subissaient eux-mêmes : l'excès de sévérité n'est pas précisément fait pour beaucoup développer les bons sentiments.

Je me souviens — mes mains, les bouts de mes doigts se souviennent! — de ce qui nous attendait au retour de l'année scolaire. Les goyaviers de la cour avaient un feuillage tout neuf, mais l'ancien était en tas sur le sol; et, par endroits, c'était bien plus qu'un entassement : une boue de feuilles!

— Vous allez me balayer cela! disait le directeur. Je veux que ce soit net immédiatement!

Immédiatement? Il y avait là du travail, un sacré travail, pour plus d'une semaine! Et d'autant plus que tout ce qu'on nous attribuait en fait d'instruments, c'était nos mains, nos doigts, nos ongles.

— Veillez à ce que ce soit promptement exécuté, disait le directeur aux grands de dernière année; sans quoi vous aurez affaire à moi!

Nous nous alignions donc au commandement des grands — nous nous alignions comme le font les paysans, quand ils moissonnent ou nettoient leurs champs — et nous nous attelions à ce travail de forçat. Dans la cour même, cela allait encore : il y avait de l'espace entre les goyaviers; mais il y avait un enclos où les arbres mêlaient et enchevêtraient furieusement leurs branches, où le soleil ne parvenait pas jusqu'au sol et où une âcre odeur de moisissure traînait même à la belle saison.

Voyant que le travail n'avançait pas comme le directeur l'attendait, les grands, plutôt que de s'y atteler avec nous, trouvaient plus commode d'arracher des branches aux arbres et de nous en fouetter. Ce bois de goyavier était plus flexible que nous ne l'eussions souhaité; bien manié, il sifflait aigrement, et c'était du feu qui nous tombait sur les reins. La peau cuisait cruellement; les larmes nous jaillissaient dans les yeux et tombaient sur l'amas de feuilles pourrissantes.

Pour fuir les coups, nous n'avions d'autre échappatoire que celle de glisser à nos bourreaux les savoureuses galettes de maïs et de blé, les couscous à la viande ou au poisson que nous avions emportés pour notre repas de midi; et si de surcroît nous possédions quelque menue monnaie, les pièces changeaient de poche sur-le-champ. Si on négligeait de le faire, si on craignait de demeurer le ventre creux et l'escarcelle* vide, les coups redoublaient; ils redoublaient à vrai dire avec une telle munificence et à un rythme si endiablé, qu'un sourd eût compris que, s'ils pleuvaient si dru, ce n'était pas seulement pour activer nos mains, mais encore, mais surtout pour nous extorquer nourriture et argent.

Si, las de cette cruauté calculée, l'un de nous prenait l'audace de se plaindre, le directeur sévissait naturellement, mais la punition qu'il infligeait alors, était toujours légère, si légère qu'elle ne pouvait compenser ce que nous avions nous-mêmes souffert. Et le fait est que nos plaintes ne modifiaient aucunement notre situation. Peut-être aurions-nous mieux fait de mettre nos parents au courant, mais nous n'y songions pas; je ne sais si nous nous taisions par solidarité ou par amour-propre, mais je vois bien à présent que nous nous taisions sottement, car ces brimades allaient dans un sens qui n'est pas le nôtre,* qui y contredit, qui contrecarre ce qu'il y a en nous de plus foncier et de plus ombrageux: notre passion pour l'indépendance et pour l'égalité.

Un jour pourtant, Kouyaté Karamoko, un de mes petits camarades qui venait d'être brutalement fustigé, déclara tout net qu'il en avait assez et que cela devait changer. Kouyaté était tout petit, tout fluet, si fluet et si petit que nous disions qu'il n'avait sûrement pas d'estomac, sinon un minuscule estomac d'oiseau : un gésier.* Kouyaté au surplus ne faisait rien pour développer son gésier ou ce qui lui servait d'estomac : il n'aimait que les nourritures acides, les fruits ; quand venait midi, il n'était satisfait que s'il parvenait à troquer son couscous contre des goyaves, des oranges ou des citrons. Mais si Kouyaté devait se priver même de fruits, il était évident que son gésier ou je ne sais quoi se transformerait finalement en quelque chose de plus petit encore : un estomac d'insecte, par exemple. Or, les grands par leurs exigences répétées, le contraignaient à un jeûne sévère. C'est le goût pour les fruits et un peu aussi les zébrures qu'il portait sur les fesses qui, ce jour-là, firent se révolter Kouyaté.

— Oui, j'en ai assez ! me disait-il à travers ses larmes et en reniflant. Tu m'entends ? J'en ai assez ! Je me plaindrai à mon père !

— Tiens-toi tranquille, disais-je. Cela ne te servira à rien.

— Tu crois cela ?

— Réfléchis ! Les grands...

Mais il ne me laissa pas achever.

— Je le dirai ! cria-t-il.

— Ne le crie pas si haut !

Nous étions dans la même rangée, et il était le plus proche de moi, et je craignais qu'il n'attirât encore quelque grand sur ses reins.

— Tu ne le connais donc pas mon père ? dit-il.

— Mais si, je le connais.

Le père de Kouyaté était le vénérable griot de la région. C'était un lettré, bien accueilli partout, mais qui n'exerçait pas sa profession; une sorte de griot d'honneur, mais très entiché de sa caste.

— Ton père est déjà vieux, dis-je.

— Il est costaud! dit fièrement Kouyaté.

Et il redressa sa fluette personne.

— Ce que tu peux être drôle! dis-je.

Mais, là-dessus, il se remit à pleurnicher.

— Eh bien, fais comme tu l'entends! dis-je.

Le lendemain, Kouyaté ne fut pas plus tôt dans la cour de l'école, qu'il interpella Himourana, le grand qui, la veille, l'avait si férocement brutalisé.

— Mon père, dit-il, désire que je lui présente l'élève de dernière année qui a le plus de gentillesse pour moi. J'ai immédiatement pensé à toi. Peux-tu venir partager notre repas, ce soir?

— Bien sûr! dit Himourana, qui était aussi stupide que brutal, et probablement aussi gourmand que stupide.

Le soir, à l'heure fixée, ce dadais de Himourana se présentait à la concession de Kouyaté. Or, cette concession est parmi les mieux défendues de Kouroussa: elle n'a qu'une porte, et la clôture, au lieu d'être en osier tressé, est en pisé* et garnie, sur le sommet, de tessons de bouteille; c'est une concession où l'on n'entre et dont on ne sort qu'avec la permission du maître de logis. Le père de Kouyaté vint ouvrir en personne et puis, quand Himourana fut à l'intérieur, il verrouilla très soigneusement la porte.

— Donnez-vous la peine de prendre place dans la cour, dit-il. La famille entière vous attend.

Himourana, après un coup d'œil sur les marmites, qui lui parurent lourdes de promesses et de succulence, fut s'asseoir parmi la famille et se rengorgea à l'idée des compliments qu'on allait lui adresser. Mais alors Kouyaté se leva brusquement et pointa le doigt sur lui.

— Père, dit-il, voici le grand qui ne cesse de me frapper et de m'extorquer nourriture et argent!

— Eh bien! eh bien! voilà du joli, dit le père de Kouyaté. C'est bien vrai au moins ce que tu me dis là?

— Par Allah! dit Kouyaté.

— C'est donc vrai, dit le père.

Et il se tourna vers Himourana:

— Mon petit monsieur, voici venue l'heure, je crois, de vous expliquer. Auriez-vous quelque chose à alléguer? Alors faites vite: je n'ai que peu de temps à vous donner, mais ce peu de temps, je veux vous l'accorder sans lésiner.

La foudre fût tombée à ses pieds, que Himourana n'eût pas été plus décontenancé; il n'entendit certainement pas un mot de ce que le père de Kouyaté lui disait. Sitôt qu'il fut un peu revenu de sa surprise, il n'eut d'autre idée que de fuir; et apparemment cette idée était la meilleure, mais il fallait décidément être nigaud comme l'était Himourana, pour imaginer qu'on pourrait s'échapper d'une concession si bien gardée. En vérité Himourana n'eut pas fait dix pas, qu'il fut rattrapé.

— A présent, mon bonhomme, dit le père de Kouyaté, écoute bien ce que je vais te dire; mets-le-toi dans la tête une fois pour toutes: je n'envoie pas mon fils à l'école pour que tu en fasses ton esclave!

Et à l'instant, car tout avait été très minutieusement concerté, Himourana se vit saisi par les pieds et les bras, soulevé de terre et maintenu à hauteur convenable, en dépit de ses cris, tandis que le père de Kouyaté lui travaillait méthodiquement les reins avec sa chicotte.* Après quoi on la laissa aller avec sa courte honte et son derrière en feu.

Le lendemain, à l'école, l'histoire de la correction de Himourana se répandit comme une traînée de poudre. Exactement, elle fit scandale. Cela était si différent de ce qui s'était pratiqué jusque-là, qu'on n'arrivait point à l'admettre, et alors même qu'on se sentait comme vengé par le geste du père de Kouyaté. Les grands des deux dernières

85

années, eux, se réunirent et décidèrent que Kouyaté ainsi que sa sœur Mariama seraient mis en quarantaine, et ils nous imposèrent d'infliger à notre petit compagnon la même quarantaine; cependant ils se gardèrent de toucher à Kouyaté ou à sa sœur, et ainsi leur faiblesse apparut brusquement aux plus aveugles même d'entre nous : nous sentîmes tout à coup qu'une époque était révolue et nous nous apprêtâmes à respirer l'air de la liberté.

A midi, je m'avançai vers Kouyaté, décidé à braver la défense des grands.

— Fais attention, dit Kouyaté; ils sont capables de te battre.

— Je me moque d'eux! dis-je.

J'avais des oranges pour mon repas de midi, et je les lui tendis.

— Merci, dit-il, mais va-t'en : j'ai peur pour toi.

Je n'eus pas le temps de répondre : j'apercevais plusieurs grands qui se dirigeaient vers nous, et je balançai un instant, ne sachant trop s'il fallait les fuir ou les braver; et puis je décidai de les braver : n'avais-je pas déjà commencé de le faire? Mais soudain je sentis ma tête tournoyer sous les gifles, et je pris mes jambes à mon cou. Je ne m'arrêtai qu'au bout de la cour et je me mis à pleurer, de colère autant que de douleur. Quand je me calmai un peu, je vis Fanta près de moi.

— Que viens-tu faire ici? dis-je.

— Je t'ai apporté une galette, dit-elle.

Je la pris et la mangeai sans presque me rendre compte de ce que je mangeais, bien que la mère de Fanta fût renommée pour réussir les meilleures galettes. Je me levai et allai boire, et me versai par la même occasion un peu d'eau sur le visage. Puis je revins m'asseoir.

— Je n'aime pas que tu t'assoies près de moi quand je pleure, dis-je.

— Tu pleurais? dit-elle. Je n'ai pas vu que tu pleurais.

86

Je la regardai un moment. Elle mentait. Pourquoi mentait-elle ? Mais visiblement elle ne mentait que pour épargner mon amour-propre, et je lui souris.

— Veux-tu encore une galette ? dit-elle.

— Non, dis-je. Je ne pourrais pas en manger une seconde : j'ai le cœur noir de colère. Toi pas ?

— Mois aussi, dit-elle.

Elle eut subitement des larmes dans les yeux.

— Oh ! je les hais ! dis-je. Tu ne peux pas savoir comme je les hais ! Écoute : je vais quitter cette école. Je vais me hâter de grandir, et puis je reviendrai et je rendrai cent coups pour un que j'ai reçu !

— Oui, dit-elle. Cent coups pour un !

Et elle cessa de pleurer ; elle me regardait avec admiration. Le soir, j'allai trouver mon père sous la véranda.

— Père, je ne veux plus aller à l'école.

— Quoi ! fit mon père.

— Non, dis-je.

Mais le scandale, depuis le matin, avait eu le temps de faire le tour des concessions de Kouroussa.

— Que se passe-t-il dans cette école ? dit mon père.

— J'ai peur des grands, dis-je.

— Je croyais que tu n'avais peur de personne ?

— Mais j'ai peur des grands !

— Qu'est-ce qu'ils te font ?

— Ils me prennent tout ! Ils me prennent mon argent et ils mangent mes repas.

— Ah ! oui ? dit mon père. Et ils te frappent ?

— Ils me frappent !

— Eh bien ! demain, j'irai dire un mot à tes pirates. Ça va comme ça ?

— Oui, père.

Le lendemain matin, mon père et ses apprentis s'installèrent avec moi devant la porte de l'école. Chaque fois qu'un grand approchait, mon père me demandait :

— Est-ce celui-là ?

Je disais non, bien que beaucoup d'entre eux m'eussent frappé et dévalisé; j'attendais que celui qui me frappait le plus sauvagement, apparût. Quand je l'aperçus, je dis d'une voix forte:

— En vérité, le voici celui qui m'a le plus frappé!

Aussitôt les apprentis se jetèrent sur lui et le dépouillèrent en un tour de main, et même ils le maltraitèrent au point que mon père dût l'arracher à leurs mains. Alors mon père dit au grand qui le regardait avec des yeux égarés:

— J'aurai une conversation à ton sujet avec le directeur pour savoir si, dans cette école, les grands ne sont là que pour battre les plus petits et leur soutirer leur argent.

Ce jour-là, il ne fut plus question de quarantaine: Kouyaté et sa sœur se mêlèrent à nous sans qu'aucun des grands élevât la voix ou fît le moindre signe. Est-ce qu'un nouveau climat déjà s'instaurait? Il semblait bien. Les grands s'étaient groupés de leur côté. Et parce que nous nous tenions loin d'eux et que nous étions les plus nombreux, on aurait pu se demander si ce n'était pas les grands cette fois qui étaient en quarantaine; leur malaise était perceptible. Au vrai, leur position n'avait rien de bien réjouissant: leurs parents ignoraient leurs exactions et leurs sévices; s'ils venaient à l'apprendre, et il y avait à présent de fortes chances pour que tout cela s'ébruitât, les grands devaient s'attendre à des reproches qui, suivant le cas, s'accompagneraient de corrections en bonne forme.

Dans l'après-midi, à l'heure de la sortie, mon père vint comme il l'avait annoncé. Le directeur était dans la cour, entouré des maîtres. Mon père se dirigea vers lui et, sans seulement prendre la peine de le saluer, lui dit:

— Sais-tu ce qui se passe dans ton école?

— Rien que de très bien, certainement, dit le directeur.

— Ah! c'est ce que tu crois? dit mon père. Tu ne sais donc pas que les grands battent les petits, leur extorquent leur argent et mangent leurs repas? Es-tu aveugle ou le fais-tu exprès?

— Ne t'occupe pas de ce qui ne te regarde pas! dit le directeur.

— Cela ne me regarde pas? dit mon père. Cela ne me regarde pas que l'on traite chez toi mon fils comme un esclave?

— Non!

— Voilà un mot que tu n'aurais pas dû prononcer! dit mon père.

Et il marcha sur le directeur.

— Espères-tu me rosser comme tes apprentis ont rossé un de mes élèves, ce matin? cria le directeur.

Et il lança ses poings en avant; mais bien qu'il fût plus fort, il était gras et plus embarrassé qu'aidé par sa graisse; et mon père qui était mince, mais vif, mais souple, n'eut pas de peine à esquiver ses poings et à tomber durement sur lui. Je ne sais trop comment cela se fût terminé, car mon père avait fini par terrasser le directeur et le cognait nerveusement, si les assistants ne les eussent séparés.

Le directeur à présent tâtait ses joues et ne disait plus mot. Mon père épousseta ses genoux, puis me prit par la main. Il quitta la cour de l'école sans saluer personne, et je regagnai fièrement notre concession en sa compagnie. Mais vers la soirée, quand j'allai faire un tour dans la ville, j'entendis sur mon passage, les gens qui disaient:

— Regardez! Voici l'écolier dont le père est allé rosser le directeur dans son école même!

Et je me sentis brusquement beaucoup moins fier: ce scandale-ci n'était pas comparable à celui que le père de Kouyaté avait provoqué; il s'était passé devant les maîtres, devant les élèves, et le directeur en personne en avait été la victime. Non, ce scandale-ci n'était pas du tout le même; et je pensai que je pourrais bien, après cela, être renvoyé de l'école. Je revins en hâte à notre concession et je dis à mon père :

— Pourquoi l'as-tu battu ? Maintenant on ne voudra certainement plus de moi à l'école.

— Ne m'as-tu pas dit que tu ne voulais plus y aller ? dit mon père.

Et il rit bruyamment.

— Père, il n'y a pas de quoi rire ! dis-je.

— Dors sur tes deux oreilles, nigaud. Si, demain, nous n'entendons pas le ronflement d'une certaine moto-bécane* devant la porte de la concession, je porterai plainte à l'administrateur du cercle.

Mais mon père n'eut pas à former sa plainte, et je ne fus pas exclu car, le lendemain, un peu avant la tombée de la nuit, la moto-bécane du directeur ronflait devant la porte de la concession. Le directeur entra, et tous, mon père comme les autres, vinrent au-devant de lui, disant aimablement :

— Bonsoir, monsieur.

On offrit une chaise au directeur, et mon père et lui s'assirent, tandis que, sur un geste, nous nous retirions et les observions de loin. L'entretien me parut des plus amicaux et il le fut en vérité car, dès lors, ma sœur et moi fûmes dispensés de toutes les corvées.

Mais le scandale n'en fut pas pour autant étouffé : quelques mois plus tard, une plainte collective des parents contraignit le directeur à changer de poste. Mais c'est que dans l'entre-temps le bruit s'était répandu que le directeur employait certains élèves comme boys pour ses femmes ; ces enfants, leurs parents les lui avaient confiés pour qu'il s'occupât d'eux plus particulièrement et les hébergeât, et il en avait été payé par le don de bœufs. J'ignore ce qu'il en était exactement ; je sais seulement que ce fut la goutte d'eau qui fait déborder le vase, et que les élèves de dernière année cessèrent de nous brimer.

7

Je grandissais. Le temps était venu pour moi d'entrer dans l'association des non-initiés. Cette société un peu mystérieuse — et à mes yeux de ce temps-là, très mystérieuse, encore que très peu secrète — rassemblait tous les enfants, tous les incirconcis de douze, treize ou quatorze ans, et elle était dirigée par nos aînés, que nous appelions les grands 'Kondén'. J'y entrai un soir précédant le Ramadan.*

Dès le soleil couchant, le tam-tam avait commencé de retentir, et bien qu'éloigné, bien que sonné dans un quartier lointain, ses coups m'avaient aussitôt atteint, m'avaient frappé en pleine poitrine, en plein cœur, comme si Kodoké, le meilleur de nos joueurs, l'eût battu pour moi uniquement. Un peu plus tard, j'avais perçu les voix aiguës des enfants accompagnant le tam-tam de leurs cris et de leurs chants... Oui, le temps pour moi était venu; le temps était là!

C'était la première fois que je passais à Kouroussa le fête du Ramadan; jusqu'ici, ma grand-mère avait toujours exigé que je passasse la fête chez elle, à Tindican. Toute la matinée et plus encore dans l'après-midi, j'avais vécu dans l'agitation, chacun s'affairant aux préparatifs de la fête, chacun se heurtant et se bousculant, et réclamant mon aide. Dehors, le brouhaha n'était pas moindre: Kouroussa est le chef-lieu du Cercle, et tous les chefs de canton, suivis de leurs musiciens, ont coutume de s'y réunir pour la fête. De la porte de la concession, je les avais regardé passer, avec leur cortège de griots, de balaphoniers* et de guitaristes, de sonneurs de tambours et de tam-tam. Je n'avais alors pensé qu'à la fête et au plantureux repas qui m'attendait; mais à présent il s'agissait de tout autre chose!

La troupe hurlante qui entourait Kodoké et son fameux tam-tam, se rapprochait. Elle allait de concession en concession, elle s'arrêtait un moment dans chaque concession où il y avait un enfant en âge, comme moi, d'entrer dans l'association, et elle emmenait l'enfant. C'est pourquoi son approche était lente mais certaine, mais inéluctable; aussi certaine, aussi inéluctable que le sort qui m'attendait. Quel sort? Ma rencontre avec 'Kondén Diara'!

Or, je n'ignorais pas qui était Kondén Diara; ma mère souvent, mes oncles parfois ou quiconque au vrai dans mon entourage avait autorité sur moi, ne m'avaient que trop parlé, que trop menacé de Kondén Diara, ce terrible croque-mitaine, ce 'lion des enfants'. Et voici que Kondén Diara — mais était-il homme? était-il bête? n'était-il pas plutôt mi-homme et mi-bête? mon ami Kouyaté le croyait plus homme que bête —, voici que Kondén Diara quittait l'ombre des mots, le voici qui prenait corps, le voici, oui, qui, éveillé par le tam-tam de Kodoké, sans doute rôdait déjà autour de la ville! Cette nuit devait être la nuit de Kondén Diara.

J'entendais maintenant très clairement le tam-tam — Kodoké s'était beaucoup rapproché —, j'entendais parfaitement les chants et les cris s'élever dans la nuit, je percevais presque aussi distinctement les notes comme creuses, sèches et pointues des coros,* ces sortes de minuscules pirogues* qu'on bat avec un bout de bois. Je m'étais posté à l'entrée de la concession et j'attendais; je tenais, moi aussi, prêt à en jouer, mon coro et ma baguette nerveusement serrés dans mes mains, et j'attendais, dissimulé par l'ombre de la case; j'attendais, plein d'une affreuse angoisse, l'œil fixé sur la nuit.

— Et alors? fit mon père.

Il avait traversé l'atelier sans que je l'entendisse.

— Tu as peur?

— Un peu, dis-je.

Il posa sa main sur mon épaule.

— Allons! détends-toi.

Il m'attira contre lui, et je sentis sa chaleur; sa chaleur se communiqua à moi, et je commençai de m'apaiser, le cœur me battit moins.

— Tu ne dois pas avoir peur.

— Non, dis-je.

Je savais que, quelle que fût mon angoisse, je devais me montrer brave, je ne devais pas étaler mon effroi ni surtout me cacher dans quelque coin, et moins encore me débattre ou crier quand mes aînés m'emmèneraient.

— Moi aussi, je suis passé par cette épreuve, dit mon père.

— Que se passe-t-il? dis-je.

— Rien que tu doives vraiment craindre, rien que tu ne puisses surmonter en toi. Rappelle-toi: tu dois mater ta peur, te mater toi-même! Kondén Diara ne t'enlèvera pas; il rugit; il se contente de rugir. Tu n'auras pas peur?

— J'essayerai.

— Même si tu avais peur, ne le montre pas.

Il s'en alla, et mon attente reprit, et l'inquiétant tapage se rapprocha encore. Brusquement j'aperçus la troupe qui débouchait et se dirigeait de mon côté; Kodoké, son tam-tam en bandoulière, marchait en tête, suivi des sonneurs de tambour.

Très vite, je regagnai la cour de la concession et, me plantant au milieu, j'attendis, aussi crânement que je le pus, la redoutable invasion. Je n'eus pas beaucoup à attendre: la troupe était là, elle se répandait tumultueusement autour de moi, pleine de cris, débordante de cris et de roulements de tam-tam et de tambour. Elle fit cercle, et je me trouvai au centre, isolé, étrangement isolé, libre encore et déjà captif. Au bord du cercle, je reconnus Kouyaté et d'autres, beaucoup d'autres de mes petits camarades, cueillis en cours de route, cueillis comme j'allais l'être, comme je

93

l'étais déjà; et il me sembla qu'ils n'étaient pas trop rassurés — mais l'étais-je plus qu'eux? Je frappais, comme eux, mon coro; peut-être le frappais-je avec moins de conviction qu'eux.

Alors des jeunes filles et des femmes entrèrent dans le cercle et se mirent à danser; se détachant de la troupe, des jeunes hommes, des adolescents s'y glissèrent à leur tour et, faisant face aux femmes, dansèrent de leur côté. Les hommes chantaient, les femmes claquaient les mains. Il n'y eut bientôt plus que les incirconcis pour former le cercle. Eux aussi chantaient — il ne leur était pas encore permis de danser — et en chantant, en chantant en chœur, oubliaient leur anxiété; je mêlai ma voix aux leurs. Quand, se regroupant, la troupe quitta notre concession, je la suivis, à demi tranquillisé et frappant mon coro avec ardeur. Kouyaté marchait à ma droite.

Vers le milieu de la nuit, notre parcours dans la ville et la récolte des incirconcis se trouvèrent achevés; nous étions parvenus à la limite des concessions, et la brousse, devant nous, s'ouvrait. Les femmes et les jeunes filles aussitôt se retirèrent; puis les hommes également nous quittèrent. Nous demeurâmes seuls avec nos aînés, et je dirais plus exactement, songeant au caractère souvent peu commode de nos aînés et à leur abord rarement amène : 'livrés' à nos aînés.

Femmes et jeunes filles se hâtaient maintenant de regagner leurs demeures. Au fait, elles ne devaient pas être beaucoup plus à l'aise que nous; je sais que pas une d'elles ne se serait hasardée à franchir, cette nuit, les limites de la ville : déjà la ville même, la nuit même devaient leur apparaître très suffisamment suspectes; et je suis persuadé que plus d'une qui regagnait isolément sa concession, devait regretter de s'être jointe à la troupe; toutes ne reprendraient un peu cœur qu'après avoir refermé sur elles les portes des concessions et des cases. En attendant, elles pressaient le pas et par intervalles jetaient des regards inquiets derrière elles. Tout à l'heure, quand Kondén Diara rugirait, elles ne pourraient se retenir de frémir; beaucoup trembleraient, beaucoup s'assureraient une dernière fois de la bonne fermeture des portes. Pour elles comme pour nous, bien que dans une proportion infiniment moindre, cette nuit serait la nuit de Kondén Diara.

Sitôt après que nos aînés se furent assurés qu'aucune présence indiscrète ne menaçait le mystère de la cérémonie, nous avons quitté la ville et nous nous sommes engagés dans la brousse qui mène au lieu sacré* où, chaque année, l'initiation s'accomplit. Le lieu est connu: c'est, sous un immense fromager, un bas-fond situé dans l'angle de la rivière Komoni et du Niger. En temps habituel, aucun interdit n'en défend l'accès; mais sans doute n'en a-t-il pas toujours été ainsi, et quelque chose, autour de l'énorme tronc du fromager, plane encore de ce passé que je n'ai pas connu; je pense qu'une nuit comme celle que nous vivions, ressuscitait certainement une part de ce passé.

Nous marchions en silence, très étroitement encadrés par nos aînés. Craignait-on peut-être que nous nous échappions? On l'eût dit. Je ne crois pas pourtant que l'idée de fuir fût venue à aucun de nous: la nuit, cette nuit-ci particulièrement, était bien trop impénétrable. Savions-nous où Kondén Diara gîtait? Savions-nous où il rôdait? Mais n'était-ce pas ici précisément, dans le voisinage du bas-fond, qu'il gîtait et qu'il rôdait? Oui, ici vraisemblablement. Et s'il fallait l'affronter — il faudrait nécessairement l'affronter! — mieux valait à coup sûr le faire en groupe, le faire dans ce coude à coude qui nous soudait les uns aux autres et qui était, devant l'imminence du péril, comme un dernier abri.

Quelque intime pourtant que fût notre coude à coude et quelle que pût être la vigilance de nos aînés, il n'en demeurait pas moins que cette marche silencieuse succédant au hourvari* de tout à l'heure, cette marche à la lueur décolorée de la lune et loin des cases, et encore le lieu sacré vers lequel nous nous dirigions, et enfin et surtout la présence cachée de Kondén Diara nous angoissaient. Était-ce pour mieux nous surveiller seulement, que nos aînés nous serraient de si près ? Peut-être. Mais peut-être aussi ressentaient-ils quelque chose de l'angoisse qui nous étreignait : pas plus que nous ils ne devaient aimer la conjonction du silence et de la nuit ;* ce coude à coude étroit était fait pour les rassurer, eux aussi.

Un peu avant d'atteindre le bas-fond, nous avons vu flamber un grand feu de bois, que les broussailles nous avaient jusque-là dissimulé. Kouyaté m'a furtivement serré le bras, et j'ai compris qu'il faisait allusion à la présence du foyer. Oui, il y avait du feu. Il y avait Kondén Diara, la présence latente de Kondén Diara, mais il y avait aussi une présence apaisante au sein de la nuit : un grand feu ! Et j'ai repris cœur, un peu repris cœur ; j'ai à mon tour rapidement serré le bras de Kouyaté. J'ai hâté le pas — tous nous hâtions le pas ! — et la lueur rouge du brasier nous a environnés. Il y avait à présent ce havre, cette sorte de havre dans la nuit : un grand feu et, dans notre dos, l'énorme tronc du fromager. Oh ! c'était un havre précaire, mais quelque infime qu'il fût, c'était infiniment plus que le silence et les ténèbres, le silence sournois des ténèbres. Nous nous sommes rangés sous le fromager. Le sol, à nos pieds, avait été débarrassé des roseaux et des hautes herbes.

— Agenouillez-vous ! crient tout à coup nos aînés.

Nous plions aussitôt les genoux.

— Têtes basses !

Nous courbons la tête.

— Plus basses que cela !

Nous courbons la tête jusqu'au sol, comme pour la prière.

— Maintenant, cachez-vous les yeux !

Nous ne nous le faisons point répéter ; nous fermons les yeux, nous nouons étroitement les mains sur nos yeux : ne mourrions-nous pas de peur, d'horreur, s'il nous arrivait de voir, simplement d'entrevoir Kondén Diara! Au surplus, nos aînés traversent nos rangs, passent devant et derrière nous pour s'assurer que nous avons fidèlement obéi. Malheur à l'audacieux qui enfreindrait la défense! Il serait cruellement fouetté; d'autant plus cruellement qu'il le serait sans espoir de revanche, car il ne trouverait personne pour accueillir sa plainte, personne pour aller contre la coutume. Mais qui se risquerait à faire l'audacieux en pareille occurrence!

Et maintenant que nous sommes agenouillés, la tête contre terre et les mains nouées sur les yeux, éclate brusquement le rugissement de Kondén Diara!

Ce cri rauque, nous l'attendions, nous n'attendions que lui, mais il nous surprend, il nous perce comme si nous ne l'attendions pas; et nos cœurs se glacent. Et puis ce n'est pas un lion seulement, ce n'est pas Kondén Diara seulement qui rugit: c'est dix, c'est vingt, c'est trente lions peut-être qui, à sa suite, lancent leur terrible cri et cernent la clairière; dix ou trente lions dont quelques mètres à peine nous séparent, et que le grand feu de bois ne tiendra peut-être pas toujours à distance; des lions de toutes tailles et de tous âges — nous le percevons à leurs rugissements —, de très vieux lions et jusque des lionceaux. Non, personne parmi nous ne songerait à risquer un œil; personne! Personne n'oserait lever la tête du sol: chacun enfouirait plutôt sa tête dans le sol, la cacherait et se cacherait plutôt entièrement dans le sol. Et je me courbe, nous nous courbons davantage, nous plions plus fortement les genoux, nous effaçons le dos tant que nous pouvons, je me fais tout petit, nous nous faisons le plus petit que nous pouvons.

'Tu ne dois pas avoir peur! me dis-je. Tu dois mater ta peur! Ton père t'a dit de surmonter ta peur!' Mais comment pourrais-je ne pas avoir peur? En ville même, à distance de la clairière, femmes et enfants tremblent et se terrent au fond des cases; ils écoutent Kondén Diara grogner, et beaucoup se bouchent les oreilles pour ne pas l'entendre grogner; les moins peureux se lèvent — il faut un certain courage à présent pour quitter son lit —, vont vérifier une fois de plus la porte de leur case, vont s'assurer une fois de plus qu'elle est demeurée étroitement assujettie, et n'en restent pas moins désemparés. Comment résisterais-je à la peur, moi qui suis à portée du terrible monstre? S'il lui plaisait, d'un seul bond, Kondén Diara franchirait le feu de bois et me planterait ses griffes dans le dos!

Pas une seconde je ne mets en doute la présence du monstre. Qui pourrait rassembler, certaines nuits, une troupe aussi nombreuse, mener pareil sabbat, sinon Kondén Diara? 'Lui seul, me dis-je, lui seul peut ainsi commander aux lions... Éloigne-toi, Kondén Diara! Éloigne-toi! retourne dans la brousse!...' Mais Kondén Diara continue son sabbat,* et parfois il me semble qu'il rugit au-dessus de ma tête même, à mes oreilles même. 'Éloigne-toi, je te prie, Kondén Diara!...'

Qu'avait dit mon père? 'Kondén Diara rugit; il se contente de rugir; il ne t'emportera pas...' Oui, cela ou à peu près. Mais est-ce vrai, bien vrai? Le bruit court aussi que Kondén Diara parfois tombe, toutes griffes dehors, sur l'un ou l'autre, l'emporte loin, très loin au profond de la brousse; et puis, des jours et des jours plus tard, des mois ou des années plus tard, au hasard d'une randonnée, on tombe sur des ossements blanchis... Est-ce qu'on ne meurt pas aussi de peur?... Ah! comme je voudrais que cessent ces rugissements! comme je voudrais... Comme je voudrais être loin de cette clairière, être dans notre concession, dans le calme de notre concession, dans la chaude sécurité de la case!... Est-ce que ces rugissements ne vont pas bientôt cesser?... 'Va-t'en, Kondén Diara! Va-t'en!... Cesse de rugir!...' Ah! ces rugissements!... Il me semble que je ne vais plus pouvoir les supporter...

Et voici que brusquement ils cessent! Ils cessent comme ils ont commencé. C'est si brusque à vrai dire, que j'hésite à me réjouir. Est-ce fini? Vraiment fini?... N'est-ce qu'une interruption momentanée?... Non, je n'ose pas me réjouir encore. Et puis soudain la voix de nos aînés retentit:

— Debout!

Un soupir s'échappe de ma poitrine. C'est fini! Cette fois, c'est bien fini! Nous nous regardons; je regarde Kouyaté, les autres. Si la clarté était meilleure... Mais il suffit de la lueur du foyer: de grosses gouttes de sueur perlent encore sur nos fronts; pourtant la nuit est fraîche... Oui, nous avons eu peur! Nous n'aurions pas pu dissimuler notre peur...

Un nouvel ordre a retenti, et nous nous sommes assis devant le feu. Nos aînés, à présent, entreprennent notre initiation; tout le reste de la nuit, ils vont nous enseigner les chants des incirconcis; et nous ne bougeons plus, nous reprenons les paroles après eux, l'air après eux; nous sommes là comme si nous étions à l'école, attentifs, pleinement attentifs et dociles.

A l'aube, notre instruction a pris fin. J'avais les jambes, les bras engourdis; j'ai fait jouer mes articulations, j'ai frictionné un moment mes jambes, mais le sang demeurait lent; à la vérité, j'étais rompu de fatigue et j'avais froid. Promenant le regard autour de moi, je n'ai plus compris comment j'avais pu tant trembler, la nuit; les premières lueurs de l'aube tombaient si légères, si rassurantes sur le fromager, sur la clairière; le ciel avait une telle pureté!... Qui eût cru, qui eût admis que, quelques heures plus tôt, une troupe de lions, conduite par Kondén Diara en chair et en os, s'était rageusement démenée dans ces hautes herbes et ces roseaux, séparée de nous seulement par un feu de bois qui, à l'heure qu'il est, achève de s'éteindre? Personne ne l'eût cru, et j'eusse douté de mes oreilles et cru me réveiller d'un cauchemar, si l'un ou l'autre de mes compagnons n'eût, par intervalles, jeté un regard encore soupçonneux sur les plus hautes herbes.

Mais quels étaient ces longs fils blancs qui tombaient, qui partaient plutôt du fromager et paraissaient inscrire sur le ciel la direction de la ville ? Je n'eus pas le loisir de beaucoup me le demander : nos aînés nous regroupaient ; et parce que nous dormions debout pour la plupart, le regroupement allait tant bien que mal, n'allait pas sans grands cris ni sans rudesse. Finalement nous sommes repartis vers la ville en chantant nos nouveaux chants ; et nous les chantions plus gaillardement que je ne l'aurais imaginé : ainsi le cheval qui sent l'écurie proche, tout à coup s'anime, quelque rendu qu'il soit.

Parvenu aux premières concessions, la présence des longs fils blancs m'a de nouveau frappé : toutes les cases principales portaient de ces fils à leur sommet.

— Tu vois les fils blancs ? dis-je à Kouyaté.

— Je les vois. Il y a toujours de ces fils après la cérémonie de la clairière.

— Qui les noue ?

Kouyaté souleva les épaules.

— C'est de là qu'ils viennent, dis-je en montrant au loin le fromager.

— Quelqu'un sera grimpé au sommet.

— Qui pourrait grimper sur un fromager ? Réfléchis !

— Je ne sais pas !

— Est-ce que quelqu'un est capable d'embrasser un tronc de cette grosseur ? dis-je. Et même s'il le pouvait, comment pourrait-il se glisser sur une écorce aussi hérissée d'épines ? Ce que tu dis n'a pas de sens ! Te figures-tu bien le trajet qu'il faudrait faire, avant d'atteindre les premières branches ?

— Pourquoi en saurais-je plus long que toi ? dit Kouyaté.

— Mais moi, c'est la première fois que j'assiste à la cérémonie. Toi...

Je n'achevai pas ma phrase; nous avions atteint la grande place de la ville, et je regardais avec étonnement les fromagers qui ombragent le marché: eux aussi étaient garnis de ces mêmes fils blancs. Toutes les cases un peu importantes, tous les très grands arbres, en vérité, étaient ainsi reliés entre eux, et leur point de départ comme leur ralliement était l'immense fromager de la clairière, le lieu sacré que ce fromager signalait.

— Des hirondelles nouent ces fils, dit tout à coup Kouyaté.

— Des hirondelles? Tu es fou! dis-je. Les hirondelles ne volent pas la nuit!

J'interrogeai un de nos aînés qui marchait à proximité.

— C'est notre Chef à tous qui les lie, dit-il. Notre Chef se transforme en hirondelle au cours de la nuit; il vole d'arbre en arbre et de case en case, et tous ces fils sont noués en moins de temps qu'il n'en faut pour le dire.

— Il vole d'arbre en arbre? dis-je. Il vole comme une hirondelle?

— Eh bien, oui! Il est une vraie hirondelle, il est rapide comme l'hirondelle. Tout le monde sait ça!

— Ne te l'avais-je pas bien dit? fit Kouyaté.

Je ne dis plus mot: la nuit de Kondén Diara était une étrange nuit, une nuit terrible et merveilleuse, une nuit qui passait l'entendement.

Comme la veille, nous allions de concession en concession, précédés de tam-tams et de tambours, et nos compagnons nous quittaient au fur et à mesure qu'ils atteignaient leur logis. Quand nous passions devant une concession où l'un ou l'autre avait manqué de courage pour se joindre à nous, un chant de moquerie s'élevait de nos rangs.

Je regagnai ma concession, recru de fatigue mais très satisfait de ma personne: j'avais participé à la cérémonie des lions! Si même je n'en avais pas mené large à l'heure où

Kondén Diara s'était déchaîné, la chose ne regardait que moi: je pouvais la garder pour moi seul; et je passai glorieusement la porte de notre demeure.

La fête du Ramadan commençait, et j'aperçus dans la cour mes parents prêts à se rendre à la mosquée.

— Te voici enfin revenu! dit ma mère.

— Me voici! dis-je fièrement.

— Est-ce une heure pour rentrer! dit-elle en me serrant contre sa poitrine. La nuit est finie, et tu n'as seulement pas fermé l'œil.

— La cérémonie n'a pris fin qu'à l'aube, dis-je.

— Je le sais bien, dit-elle. Tous les hommes sont fous!

— Et les lions? dit mon père. Kondén Diara?

— Je les ai entendus, dis-je. Ils étaient tout près; ils étaient aussi près de moi que je le suis ici de vous; il y avait tout juste entre eux et nous la distance du feu!

— C'est insensé! dit ma mère. Va dormir: tu tombes de sommeil!

Elle se tourna vers mon père:

— Je me demande à quoi tout cela rime! dit-elle.

— Eh bien c'est l'usage,* dit mon père.

— Je n'aime pas cet usage! dit-elle. Des enfants ne devraient pas passer la nuit à veiller.

— As-tu eu peur? me demanda mon père.

Devais-je avouer que j'avais eu grande peur?

— Naturellement qu'il a eu peur! dit ma mère. Comment voudrais-tu qu'il n'ait pas eu peur?

— Il n'a eu qu'un peu peur, dit mon père.

— Va dormir! reprit ma mère. Si tu ne dors pas maintenant, tu t'endormiras durant la fête.

J'allai m'étendre dans la case. J'entendais ma mère qui querellait mon père: elle trouvait stupide de courir des risques gratuits.

Plus tard,* j'ai su qui était Kondén Diara et j'ai su aussi que les risques étaient inexistants, mais je ne l'ai appris qu'à l'heure où il m'était permis de le savoir. Tant que nous n'avons pas été circoncis, tant que nous ne sommes pas venus à cette seconde vie* qui est notre vraie vie, on ne nous révèle rien, et nous n'arrivons à rien surprendre.

Ce n'est qu'après avoir participé plusieurs fois à la cérémonie des lions, que nous commençons à vaguement entrevoir quelque chose, mais nous respectons le secret :* nous ne faisons part de ce que nous avons deviné qu'à ceux de nos compagnons qui ont une même expérience ; et l'essentiel nous échappe jusqu'au jour de notre initiation à la vie d'homme.

Non, ce n'étaient pas de vrais lions qui rugissaient dans la clairière, c'étaient nos aînés, tout bonnement nos aînés. Ils s'aident à cet effet de petites planchettes renflées au centre et à bords coupants, à bords d'autant plus coupants que le renflement central aiguise davantage le tranchant. La planchette est de forme ellipsoïdale et très petite ; elle est trouée sur un des côtés, pour permettre d'y passer une ficelle. Nos aînés la font tournoyer comme une fronde et, pour en augmenter encore la giration, tournoient en même temps qu'elle ; la planchette coupe l'air et produit un ronflement tout semblable au rugissement du lion ; les planchettes les plus petites imitent le cri des lionceaux ; les plus grandes, celui des lions.

C'est enfantin.* Ce qui n'est pas enfantin, c'est l'effet produit dans la nuit pour des oreilles non prévenues : le cœur se glace ! Si ce n'était la crainte, plus grande encore, de se retrouver égaré dans la brousse, isolé dans la brousse, l'effroi dispersait les enfants ; c'est la sorte de refuge que forment le tronc des fromagers et le feu de bois allumé à proximité, qui maintient groupés les non-initiés.

Mais si le grognement de Kondén Diara est facilement explicable, la présence des longs fils blancs qui relient l'immense fromager de la clairière sacrée aux plus grands arbres et aux cases principales de la ville, l'est beaucoup moins. Je n'en ai, pour ma part, point obtenu une explication parfaite:* à l'époque où j'aurais pu l'obtenir, en prenant place parmi les aînés qui dirigeaient la cérémonie, j'avais cessé d'habiter Kouroussa. Je sais seulement que ces fils sont de coton tissé, et qu'on se sert de perches de bambou pour les nouer au sommet des cases; ce que j'ignore par contre, c'est la manière dont on les attache au sommet des fromagers.

Nos fromagers sont de très grands arbres, et on imagine difficilement des perches d'une vingtaine de mètres: celles-ci fléchiraient nécessairement, quelque soin qu'on aurait pu apporter à les assembler. Par ailleurs, je ne vois pas comment on grimperait au sommet de ces arbres épineux. Il y a bien une sorte de ceinture qui aide à grimper: on noue la ceinture autour de l'arbre et on se place à l'intérieur, on passe la ceinture sous les reins, puis on s'élève par saccades en prenant avec les pieds appui contre le tronc; mais cela ne se conçoit plus si l'arbre a un tronc de la dimension de nos énormes fromagers.

Et pourquoi ne se servirait-on pas bonnement de la fronde? Je ne sais pas. Un bon tireur à la fronde réussit des miracles. Peut-être est-ce à un miracle de cette espèce qu'il convient le plus naturellement d'attribuer l'incompréhensible présence des fils blancs au sommet des fromagers, mais je ne puis en décider.

Ce que je sais bien, c'est que nos aînés qui nouent ces fils, doivent se montrer on ne peut plus attentifs à ne point égarer les perches: il ne faut donner l'éveil en aucune façon! Or il suffirait d'une perche abandonnée à pied d'œuvre pour peut-être mettre femmes ou enfants sur la voie du secret. C'est pourquoi, sitôt les fils noués, on n'a d'autre hâte que de remiser perches et planchettes. Les cachettes habituelles sont le chaume des toits ou des endroits retirés de la brousse. Et ainsi rien ne transpire de ces manifestations de la puissance de Kondén Diara.

Mais les hommes? Mais tous ceux qui savent?

Eh bien ils ne disent pas une parole, ils tiennent leur science strictement secrète. Non seulement ils laissent femmes et enfants dans l'incertitude ou dans la crainte, mais encore ils y ajoutent en les avertissant de tenir rigoureusement closes les portes des cases.

Je n'ignore pas* qu'un tel comportement paraîtra étrange, mais il est parfaitement fondé. Si la cérémonie des lions a les caractères d'un jeu, si elle est pour une bonne part une mystification, elle est chose importante aussi: elle est une épreuve, un moyen d'aguerrir et un rite qui est le prélude à un rite de passage, et cette fois c'est tout dire! Il va de soi que si le secret était éventé, la cérémonie perdrait beaucoup de son prestige. Certes, l'enseignement qui succède aux rugissements demeurerait ce qu'il est, mais rien ne subsisterait de l'épreuve de la peur, rien de cette occasion donnée à chacun de surmonter sa peur et de se surmonter, rien non plus de la nécessaire préparation au douloureux rite de passage qu'est la circoncision. Mais au vrai qu'en subsiste-t-il à l'heure où j'écris? Le secret... Avons-nous encore des secrets!*

8

Plus tard, j'ai vécu une épreuve autrement inquiétante que celle des lions, une épreuve vraiment menaçante cette fois et dont le jeu est totalement absent: la circoncision.

J'étais alors en dernière année du certificat d'études, j'étais enfin au nombre des grands, ces grands que nous avions tant abhorrés quand nous étions dans la petite classe, parce qu'ils nous extorquaient nourriture et argent et nous frappaient; et voici que nous les remplacions, et que les sévices que nous avions endurés étaient heureusement abolis.

Mais ce n'était pas le tout d'être un grand, il fallait l'être encore dans toute l'acception du mot,* et pour cela naître à la vie d'homme. Or j'étais toujours un enfant: j'étais réputé n'avoir pas l'âge de raison! Parmi mes condisciples, qui pour la plupart étaient circoncis, je demeurais un authentique enfant. Je suppose que j'étais un peu plus jeune qu'eux, ou était-ce mes séjours répétés à Tindican qui avaient retardé mon initiation? Je ne me souviens pas. Quoi qu'il en soit, j'avais l'âge, à présent, et il me fallait à mon tour renaître, à mon tour abandonner l'enfance et l'innocence, devenir un homme.

Je n'étais pas sans crainte devant ce passage de l'enfance à l'âge d'homme, j'étais à dire vrai fort angoissé, et mes compagnons d'épreuve ne l'étaient pas moins. Certes, le rite nous était familier, la partie visible de ce rite tout au moins, puisque, chaque année, nous avions vu les candidats à la circoncision danser sur la grande place de la ville; mais il y avait une part importante du rite, l'essentielle, qui demeurait secrète et dont nous n'avions qu'une notion extrêmement vague, sauf en ce qui regardait l'opération même que nous savions douloureuse.

Entre le rite public et le rite secret il y a une antinomie complète. Le rite public est dédié à la joie. Il est l'occasion d'une fête, une très grande et très bruyante fête à laquelle la ville entière participe et qui s'étend sur plusieurs journées. Et c'est un peu comme si à renfort de bruit et de mouvement, de réjouissances et de danses, l'on cherchait à nous faire oublier ce qu'il y a d'angoissant dans l'attente et de réellement pénible dans l'épreuve; mais l'angoisse ne se dissipe pas si aisément, si même elle faiblit par intervalles, et la douleur de l'excision n'en demeure pasimo ns présente à l'esprit; d'autant plus présente que la fête n'est pas une fête comme les autres: bien que toute dédiée à la joie, elle revêt par moments une gravité qui est absente des autres, et une gravité qui se conçoit puisque l'événement que la fête signale est le plus important de la vie, est très exactement le début d'une nouvelle vie; or, en dépit du bruit et du mouvement, du ruissellement des rythmes et du tourbillon de la danse, chaque retour de cette gravité sonne comme un rappel de l'épreuve, rappelle le visage obscur du rite secret.

Mais quelle que soit l'angoisse et quelle que soit la certitude de la souffrance, personne pourtant ne songerait à se dérober à l'épreuve — pas plus et moins encore qu'on ne se dérobe à l'épreuve des lions — et pour ma part je n'y songeais aucunement: je voulais naître, renaître! Je savais parfaitement que je souffrirais, mais je voulais être un homme, et il ne semblait pas que rien fût trop pénible pour accéder au rang d'homme. Mes compagnons ne pensaient pas différemment: comme moi, ils étaient prêts à payer le prix du sang. Ce prix, nos aînés l'avaient payé avant nous; ceux qui naîtraient après nous, le paieraient à leur tour; pourquoi l'eussions-nous esquivé? La vie jaillissait du sang versé!

Cette année-là, je dansai une semaine au long, sept jours

au long, sur la grande place de Kouroussa, la danse du 'soli' qui est la danse des futurs circoncis. Chaque après-midi, mes compagnons et moi nous nous dirigions vers le lieu de danse, coiffés d'un bonnet et vêtus d'un boubou* qui nous descendait jusqu'aux chevilles, un boubou plus long que ceux qu'on porte généralement et fendu sur les flancs; le bonnet, un calot* plus exactement, était orné d'un pompon qui nous tombait sur le dos; et c'était notre premier bonnet d'homme! Les femmes et les jeunes filles accouraient sur le seuil des concessions pour nous regarder passer, puis nous emboîtaient le pas, revêtues de leurs atours de fête. Le tam-tam ronflait, et nous dansions sur la grande place jusqu'à n'en pouvoir plus; et plus nous avancions dans la semaine, plus les séances de danse s'allongeaient, plus la foule augmentait.

Mon boubou, comme celui de mes compagnons, était d'un ton brun qui tirait sur le rouge, un ton où le sang ne risque pas de laisser des traces trop distinctes. Il avait été spécialement tissé pour la circonstance, puis confié aux ordonnateurs de la cérémonie. Le boubou à ce moment était blanc; c'étaient les ordonnateurs qui s'étaient occupés à le teindre avec des écorces d'arbre, et qui l'avaient ensuite plongé dans l'eau boueuse d'une mare de la brousse; le boubou avait trempé l'espace de plusieurs semaines: le temps nécessaire pour obtenir le ton souhaité peut-être, ou sinon pour quelque raison rituelle qui m'échappe. Le bonnet, hormis le pompon qui était resté blanc, avait été teint de la même maînère, traité de la même manière.

Nous dansions, je l'ai dit, à perdre souffle, mais nous n'étions pas seuls à danser: la ville entière dansait! On venait nous regarder, on venait en foule, toute la ville en vérité venait, car l'épreuve n'avait pas que pour nous une importance capitale, elle avait quasiment la même importance pour chacun* puisqu'il n'était indifférent à personne que la ville, par une deuxième naissance qui était notre vraie naissance, s'accrût d'une nouvelle fournée de citoyens; et parce que toute réunion de danse a, chez nous, tendance à se propager, parce que chaque appel de tam-tam a un pouvoir presque irrésistible,* les spectateurs se transformaient bientôt en danseurs: ils envahissaient l'aire et, sans toutefois se mêler à notre groupe, ils partageaient intimement notre ardeur, ils rivalisaient avec nous de frénésie, les hommes comme les femmes, les femmes comme les jeunes filles, bien que femmes et jeunes filles dansassent ici strictement de leur côté.

Tandis que je dansais, mon boubou fendu sur les flancs, fendu du haut en bas, découvrait largement le foulard* aux couleurs vives que je m'étais enroulé autour des reins. Je le savais et je ne faisais rien pour l'éviter: je faisais plutôt tout pour y contribuer. C'est que nous portions chacun un foulard semblable, plus ou moins coloré, plus ou moins riche, que nous tenions de notre amie en titre. Celle-ci nous en avait fait cadeau pour la cérémonie et l'avait le plus souvent retiré de sa tête pour nous le donner. Comme le foulard ne peut passer inaperçu, comme il est la seule note personnelle qui tranche sur l'uniforme commun, et que son dessin comme son coloris le font facilement identifier, il y a là une sorte de manifestation publique d'une amitié — une amitié purement enfantine, il va de soi — que la céré-monie en cours va peut-être rompre à jamais ou, le cas échéant, transformer en quelque chose de moins innocent et de plus durable. Or, pour peu que notre amie attitrée fût belle et par conséquent convoitée, nous nous déhanchions avec excès pour mieux faire flotter notre boubou et ainsi plus amplement dégager notre foulard; en même temps nous tendions l'oreille pour surprendre ce qu'on disait de nous, et de notre amie et de notre chance, mais ce que notre oreille percevait était peu de chose: la musique était assourdissante, l'animation extraordinaire et la foule trop dense aux abords de l'aire.

Il arrivait qu'un homme fendît cette foule et s'avançât vers nous. C'était généralement un homme d'âge, et souvent un notable, qui avait des liens d'amitié ou d'obligations avec la famille de l'un de nous. L'homme faisait signe qu'il voulait parler, et les tam-tams s'interrompaient un moment, la danse cessait un moment. Nous nous approchions de lui. L'homme alors s'adressait d'une voix forte à l'un ou l'autre d'entre nous.

— Toi, disait-il, écoute ! Ta famille a toujours été amie de la mienne ; ton grand-père est l'ami de mon père, ton père est mon ami, et toi, tu es l'ami de mon fils. Aujourd'hui, je viens publiquement en porter témoignage. Que tous ici sachent que nous sommes amis et que nous le demeurerons ! Et en signe de cette durable amitié, et afin de montrer ma reconnaissance pour les bons procédés dont toujours ton père et ton grand-père ont usé à mon égard et à l'égard des miens, je te fais don d'un bœuf à l'occasion de ta circoncision !

Tous, nous l'acclamions ; l'assistance entière l'acclamait. Beaucoup d'hommes d'âge, tous nos amis en vérité, s'avançaient ainsi pour annoncer les cadeaux qu'ils nous faisaient. Chacun offrait selon ses moyens et, la rivalité aidant, souvent même un peu au-delà de ses moyens. Si ce n'était un bœuf, c'était un sac de riz, ou de mil, ou de maïs.

C'est que la fête, la très grande fête de la circoncision ne va pas sans un très grand repas et sans de nombreux invités, un si grand repas qu'il y en a pour des jours et des jours, en dépit du nombre des invités, avant d'en voir le bout. Un tel repas est une dépense importante. Aussi quiconque est ami de la famille du futur circoncis, ou lié par la reconnaissance, met un point d'honneur à contribuer à la dépense, et il aide aussi bien celui qui a besoin d'aide que celui qui n'en a aucun besoin. C'est pourquoi, à chaque circoncision, il y a cette soudaine abondance de biens, cette abondance de bonnes choses.

Mais nous réjouissions-nous beaucoup de cette abondance? Nous ne nous en réjouissions pas sans arrière-pensée: l'épreuve qui nous attendait n'était pas de celles qui aiguisent l'appétit. Non, la longueur de notre appétit ne serait pas bien importante quand, la circoncision faite, on nous convierait à prendre notre part du festin; si nous ne le savions pas par expérience — si nous allions seulement en faire l'expérience! —, nous savions très bien que les nouveaux circoncis font plutôt triste mine.

Cette pensée nous ramenait brutalement à notre appréhension: nous acclamions le donateur, et du coup notre pensée revenait à l'épreuve qui nous attendait. Je l'ai dit: cette appréhension au milieu de l'excitation générale, et d'une excitation à laquelle par nos danses répétées nous participions au premier chef, n'était pas le côté le moins paradoxal de ces journées. Ne dansions-nous que pour oublier ce que nous redoutions? Je le croirais volontiers. Et à vrai dire, il y avait des moments où nous finissions par oublier; mais l'anxiété ne tardait pas à renaître: il y avait constamment de nouvelles occasions de lui redonner vie. Nos mères pouvaient multiplier les sacrifices à notre intention, et elles n'y manquaient pas, aucune n'y manquait, cela ne nous réconfortait qu'à demi.

L'une d'elles parfois, ou quelque autre parent très proche, se mêlait à la danse et souvent, en dansant, brandissait l'insigne de notre condition; c'était généralement une houe* — la condition paysanne en Guinée est de loin la plus commune — pour témoigner que le futur circoncis était bon cultivateur.

Il y eut ainsi un moment où je vis apparaître la seconde épouse de mon père, un cahier et un stylo* dans la main. J'avoue que je n'y pris guère plaisir et n'en retirai aucun réconfort, mais plutôt de la confusion, bien que je comprisse parfaitement que ma seconde mère ne faisait que sacrifier à la coutume et dans la meilleure intention de la terre, puisque cahier et stylo étaient les insignes d'une occupation qui, à ses yeux, passait celles du cultivateur ou de l'artisan.* Ma mère fut infiniment plus discrète : elle se contenta de m'observer de loin, et même je remarquai qu'elle se dissimulait dans la foule. Je suis sûr qu'elle était pour le moins aussi inquiète que moi, encore qu'elle apportât tous ses soins à n'en rien laisser paraître. Mais généralement l'effervescence était telle, je veux dire : si communicative, que nous demeurions seuls avec le poids de notre inquiétude. Ajouterai-je que nous mangions vite et mal ? Il va de soi : tout était à la danse et aux préparatifs de la fête. Nous rentrions fourbus et dormions d'un sommeil de plomb. Le matin, nous ne pouvions nous arracher à notre lit : nous faisions la grasse matinée, nous nous levions quelques minutes avant que le tam-tam nous appelât. Qu'importait dès lors que les repas fussent négligés ? A peine nous restait-il le temps de manger ! Il fallait vite, vite se laver, vite endosser notre boubou, coiffer notre bonnet, courir à la grande place, danser ! Et danser davantage chaque jour, car nous dansions, toute la ville dansait, à présent ; après-midi et soir — le soir, à la lueur des torches ; et la veille de l'épreuve, la ville dansa la journée entière, la nuit entière !

Ce dernier jour, nous l'avons vécu dans une étrange fièvre. Les hommes qui conduisent cette initiation, après nous avoir rasé la tête, nous avaient rassemblés dans une case à l'écart des concessions. Cette case, spacieuse, allait être désormais notre demeure ; la cour où elle se dressait, spacieuse elle aussi, était clôturée d'osiers si strictement entrelacés qu'aucun regard n'aurait pu y pénétrer.

Quand nous sommes entrés dans la case, nous avons vu nos boubous et nos calots étalés à même le sol. Au cours de la nuit, les boubous avaient été cousus sur les côtés, sauf un bref espace pour donner passage aux bras, mais de façon à cacher absolument nos flancs. Quant aux calots, ils s'étaient transformés en bonnets démesurément hauts : il avait suffi de redresser et de fixer sur une armature d'osier le tissu primitivement rabattu à l'intérieur. Nous nous sommes glissés dans nos boubous, et nous avons eu un peu l'air d'être enfermés dans des fourreaux; nous paraissions maintenant plus minces encore que nous ne l'étions. Lorsque après cela nous avons mis nos bonnets qui n'en finissaient plus, nous nous sommes regardés un moment; si les circonstances avaient été autres, nous eussions sans doute pouffé de rire: nous ressemblions à des bambous, nous en avions la hauteur et la maigreur.

— Promenez-vous un instant dans la cour, nous ont dit les hommes; il faut vous accoutumer à votre boubou cousu.

Nous avons été faire quelques pas, mais il ne fallait pas les faire trop grands: la couture ne le permettait pas; l'étoffe se tendait, et les jambes butaient contre le pourtour; nous avions les jambes comme entravées.

Nous sommes revenus dans la case, nous nous sommes assis sur les nattes et nous y sommes demeurés sous la surveillance des hommes. Nous bavardions entre nous de choses et d'autres, dissimulant le plus que nous pouvions notre inquiétude; mais comment aurions-nous pu effacer de notre pensée la cérémonie du lendemain? Notre anxiété transparaissait au travers de nos paroles. Les hommes, près de nous, n'ignoraient pas cet état d'esprit; chaque fois que, malgré notre volonté, nous laissions échapper quelque chose de notre trouble, ils s'efforçaient honnêtement de nous rassurer, fort différents en cela des grands qui conduisent la cérémonie des lions et qui n'ont d'autre souci que d'effrayer.

— Mais n'ayez donc pas peur! disaient-ils. Tous les hommes sont passés par là. Voyez-vous qu'il leur en soit advenu du mal? Il ne vous en adviendra pas non plus. Maintenant que vous allez devenir des hommes, conduisez-vous en hommes: chassez la crainte loin de vous! Un homme n'a peur de rien.

Mais, justement, nous étions encore des enfants; toute cette dernière journée et toute cette dernière nuit, nous serions toujours des enfants. Je l'ai dit: nous n'étions même pas censés avoir l'âge de raison! Et si cet âge vient tard, s'il est en vérité tardif, notre âge d'homme ne laissera pas de paraître un peu bien prématuré. Nous étions toujours des enfants. Demain... Mais mieux valait penser à autre chose, penser par exemple à toute la ville réunie sur la grande place et dansant joyeusement. Mais nous? N'allions-nous pas bientôt nous joindre à la danse?

Non! Cette fois, nous allions danser seuls; nous allions danser, et les autres nous regarderaient: nous ne devions plus nous mêler aux autres à présent; nos mères à présent ne pourraient même plus nous parler, moins encore nous toucher. Et nous sommes sortis de la case, enserrés dans nos longs fourreaux et le chef surmonté de notre immense bonnet.

Aussitôt que nous sommes apparus sur la grande place, les hommes sont accourus. Nous avancions en file indienne entre deux haies d'hommes. Le père de Kouyaté, vénérable vieillard à la barbe blanche et à cheveux blancs, a fendu la haie et s'est placé à notre tête: c'est à lui qu'il appartenait de nous montrer comment se danse le 'coba', une danse réservée, comme celle du 'soli', aux futurs circoncis, mais qui n'est dansée que la veille de la circoncision. Le père de Kouyaté, par privilège d'ancienneté et par l'effet de sa bonne renommée, avait seul le droit d'entonner le chant qui accompagne le 'coba'.

Je marchais derrière lui, et il m'a dit de poser mes mains sur ses épaules; après quoi, chacun de nous a placé les mains sur les épaules de celui qui le précédait. Quand notre file indienne s'est ainsi trouvée comme soudée, les tam-tams et les tambours se sont brusquement tus, et tout le monde s'est tu, tout est devenu muet et immobile. Le père de Kouyaté alors a redressé sa haute taille, il a jeté le regard autour de lui — il y avait quelque chose d'impérieux et de noble en lui! — et, comme un ordre, il a lancé très haut le chant du 'coba':

— *Coba! Aye coba, lama!*

Aussitôt les tam-tams et les tambours ont sonné avec force, et tous nous avons repris la phrase:

— *Coba! Aye coba, lama!*

Nous marchions, comme le père de Kouyaté, les jambes écartées, aussi écartées que le permettait notre boubou, et à pas très lents naturellement. Et en prononçant la phrase, nous tournions, comme l'avait fait le père de Kouyaté, la tête à gauche, puis à droite; et notre bonnet allongeait curieusement ce mouvement de la tête.

— *Coba! Aye coba, lama!*

Nous avons commencé de faire le tour de la place. Les hommes se rangeaient à mesure que nous avancions; et quand le dernier des nôtres était passé, ils allaient se reformer en groupe un peu au-delà et de nouveau se rangeaient pour nous donner passage. Et parce que nous marchions lentement et les jambes écartées, notre démarche était un peu celle du canard.

— *Coba! Aye coba, lama!*

La haie que les hommes formaient sur notre passage, était épaisse, était compacte. Les femmes, derrière, ne devaient guère voir que nos hauts bonnets, et les enfants n'en apercevaient évidemment pas davantage: les années précédentes, je n'avais fait qu'entrevoir le sommet des bonnets. Mais il suffisait: le 'coba' est affaire d'homme. Les femmes... Non, les femmes ici n'avaient pas voix.

— *Coba! Aye coba, lama!*

Nous avons fini par rejoindre l'endroit où nous avions commencé notre danse. Le père de Kouyaté alors s'est arrêté, les tam-tams et les tambours se sont tus, et nous sommes repartis vers notre case. A peine avions-nous disparu, que la danse et les cris ont repris sur la place.

Trois fois dans la journée, nous sommes ainsi apparus sur la grande place pour danser le 'coba'; et dans la nuit, trois fois encore, à la clarté des torches; et chaque fois les hommes nous ont enfermés dans leur vivante haie. Nous n'avons pas dormi, et personne n'a dormi; la ville n'a pas fermé l'œil: elle a dansé toute la nuit! Quand nous sommes sortis de notre case pour la sixième fois, l'aube approchait.

— *Coba! Aye coba, lama!*

Nos bonnets continuaient de marquer le rythme, nos boubous continuaient de se tendre sur nos jambes écartées, mais notre fatigue perçait et nos yeux brillaient fiévreusement, notre anxiété grandissait. Si le tam-tam ne nous avait pas soutenus, entraînés... Mais le tam-tam nous soutenait, le tam-tam nous entraînait!* Et nous avancions, nous obéissions, la tête étrangement vide, vidée par la fatigue, étrangement pleine aussi, pleine du sort qui allait être le nôtre.

— *Coba! Aye coba, lama!*

Quand nous avons achevé notre tour, l'aube blanchissait la grande place. Nous n'avons pas regagné notre case, cette fois; nous sommes partis aussitôt dans la brousse, loin, là où notre tranquillité ne risquait pas d'être interrompue. Sur la place, la fête a cessé: les gens ont regagné leurs demeures. Quelques hommes pourtant nous ont suivis. Les autres attendront, dans leurs cases, les coups de feu qui doivent annoncer à tous qu'un homme de plus, un Malinké de plus est né.*

Nous avons atteint une aire circulaire parfaitement désherbée. Tout autour, les herbes montaient très haut, plus haut que tête d'homme; l'endroit était le plus retiré qu'on pût souhaiter. On nous a alignés, chacun devant une pierre. A l'autre bout de l'aire, les hommes nous faisaient face. Et nous nous sommes dévêtus.

J'avais peur, affreusement peur, mais je portais toute mon attention à n'en rien témoigner: tous ces hommes devant nous, qui nous observaient, ne devaient pas s'apercevoir de ma peur. Mes compagnons ne se montraient pas moins braves, et il était indispensable qu'il en fût ainsi : parmi ces hommes qui nous faisaient face, se trouvaient peut-être notre beau-père futur, un parent futur ; ce n'était pas l'heure de perdre la face !

Soudain l'opérateur est apparu. La veille, nous l'avions entrevu, lorsqu'il avait fait sa danse sur la grande place. Cette fois encore, je ne ferai que l'entrevoir : je m'étais à peine aperçu de sa présence, qu'il s'est trouvé devant moi.

Ai-je eu peur ? Je veux dire : ai-je eu plus particulièrement peur, ai-je eu à ce moment un surcroît de peur, puisque la peur me talonnait depuis que j'étais parvenu sur l'aire ? Je n'ai pas eu le temps d'avoir peur : j'ai senti comme une brûlure, et j'ai fermé les yeux une fraction de seconde. Je ne crois pas que j'aie crié. Non, je ne dois pas avoir crié : je n'ai sûrement pas eu le temps non plus de crier ! Quand j'ai rouvert les yeux, l'opérateur était penché sur mon voisin. En quelques secondes, la douzaine d'enfants que nous étions cette année-là, sont devenus des hommes ; l'opérateur m'a fait passer d'un état à l'autre, à une rapidité que je ne puis exprimer.

Plus tard, j'ai su qu'il était de la famille des Daman, la famille de ma mère. Sa renommée était grande, et à juste titre : aux fêtes importantes, il lui était arrivé de circoncire plusieurs centaines d'enfants en moins d'une heure ; cette rapidité qui écourtait l'angoisse, était fort appréciée. Aussi tous les parents, tous les parents qui le pouvaient, recouraient-ils à lui comme au plus habile ; il était leur hôte d'un soir et l'hôte des notabilités, puis regagnait la campagne où il habitait.

Sitôt l'opération faite, les fusils sont partis. Nos mères, nos parents, dans leur concession, ont perçu les détonations. Et tandis qu'on nous fait asseoir sur la pierre devant laquelle nous nous tenions, des messagers s'élancent, se ruent à travers la brousse pour aller annoncer l'heureuse nouvelle. Ils ont couru d'une traite, le front, la poitrine, les bras inondés de sueur, et parvenus à la concession, à peine peuvent-ils reprendre souffle, à peine peuvent-ils délivrer leur message devant la famille accourue.

— Vraiment votre fils a été très brave! crient-ils enfin à la mère du circoncis.

Et de fait nous avions tous été très braves, nous avions tous très attentivement dissimulé notre peur. Mais peut-être étions-nous moins braves à présent : l'hémorragie qui suit l'opération est abondante, est longue; elle est inquiétante : tout ce sang perdu! Je regardais mon sang couler et j'avais le cœur étreint. Je pensais: 'Est-ce que mon corps va entièrement se vider de son sang?' Et je levais un regard implorant sur notre guérisseur, le 'séma'.

— Le sang doit couler, dit le 'séma'. S'il ne coulait pas...

Il n'acheva pas sa phrase : il observait la plaie. Quand il vit que le sang enfin s'épaississait un peu, il me donna les premiers soins. Puis il passa aux autres.

Le sang finalement tarit, et on nous revêtit de notre long boubou; ce serait, hormis une chemise très courte, notre seul vêtement durant toutes les semaines de convalescence qui allaient suivre. Nous nous tenions maladroitement sur nos jambes, la tête vague et le cœur comme près de la nausée. Parmi les hommes qui avaient assisté à l'opération, j'en aperçus plusieurs, apitoyés* par notre misérable état, qui se détournaient pour cacher leurs larmes.

A la ville, nos parents faisaient fête au messager, le comblaient de cadeaux; et les réjouissances aussitôt reprenaient : ne fallait-il pas se réjouir de l'heureuse issue de l'épreuve, se réjouir de notre nouvelle naissance? Déjà amis et voisins se pressaient à l'intérieur des concessions des nouveaux circoncis, et commençaient à danser en notre honneur le 'fady fady', la danse de bravoure, en attendant qu'un festin gargantuesque les réunît autour des plats.

De ce festin, bien sûr, nous allions recevoir notre large part. Les hommes, les jeunes hommes qui avaient conduit toute la cérémonie et qui étaient en même temps nos surveillants, mais aussi à présent, d'une certaine façon, nos serviteurs, sont allés chercher cette part.

Hélas! nous avions perdu trop de sang, vu trop de sang — il nous semblait en sentir encore l'odeur fade! — et nous avions un peu de fièvre: nous frissonnions par intervalles. Nous n'avons eu pour la succulente platée qu'un œil morne: elle ne nous tentait aucunement et même elle nous levait plutôt le cœur. De cette abondance extraordinaire de mets réunis pour la fête, réunis à notre intention, nous n'aurons qu'une part dérisoire: nous regarderons les plats, nous en respirerons le fumet, nous en prendrons quelques bouchées, puis nous détournerons la tête, et durant assez de jours pour que cette abondance s'épuise et que revienne le menu quotidien.

A la tombée de la nuit, nous avons repris le chemin de la ville, escortés des jeunes hommes et de notre guérisseur. Nous marchions avec beaucoup de prudence: il ne fallait pas que le boubou frôlât notre plaie, mais parfois, en dépit de nos précautions, il la frôlait et nous arrachait un gémissement; et nous nous arrêtions un instant, le visage crispé par la douleur; les jeunes hommes nous soutenaient. Nous avons mis un temps extraordinairement long pour rejoindre notre case. Quand enfin nous y sommes parvenus, nous étions à bout de forces. Nous nous sommes aussitôt étendus sur les nattes.

Nous attendions le sommeil, mais le sommeil était long à venir: la fièvre le chassait. Nos regards erraient tristement sur les parois de la case. A l'idée que nous allions vivre là, tant que notre convalescence durerait — et elle durerait des semaines! — dans la compagnie de ces jeunes hommes et de notre guérisseur, une sorte de désespoir nous prenait. Des hommes! Oui, nous étions enfin des hommes, mais que le prix en était élevé!... Nous nous sommes finalement endormis. Le lendemain, notre fièvre était tombée, et nous avons ri de nos sombres pensées de la veille.

Certes, notre existence dans la case n'était pas celle que nous menions dans nos concessions, mais elle n'avait rien d'insupportable et elle avait ses joies, encore que la surveillance fût constante et la discipline assez stricte, mais sage, mais raisonnée, avec le seul souci d'éviter ce qui aurait pu retarder notre convalescence.

Si nous étions surveillés jour et nuit, et plus étroitement encore de nuit que de jour, c'est que nous ne devions nous étendre ni sur le flanc ni sur le ventre : nous devions, tant que notre blessure ne serait pas cicatrisée, uniquement nous coucher sur le dos, et bien entendu, il nous était absolument interdit de croiser les jambes. Il va de soi que, durant notre sommeil, nous maintenions difficilement la position permise, mais les jeunes hommes intervenaient aussitôt : ils rectifiaient notre position et ils le faisaient le plus délicatement qu'ils pouvaient, afin de ne pas briser notre repos ; ils se relayaient pour que pas une seconde nous n'échappions à leur surveillance.

Mais peut-être ferais-je mieux de parler de leurs 'soins' que de leur 'surveillance' ; ils étaient bien plus des gardes-malades* que des surveillants. Dans la journée, lorsque fatigués de demeurer étendus ou assis sur nos nattes, nous demandions à nous lever, ils nous portaient aide ; au moindre pas en vérité que nous faisions, ils nous soutenaient. Ils allaient chercher nos repas, ils transmettaient de nos nouvelles et en rapportaient. Leur service n'était nullement une sinécure ; nous usions et parfois, je crois bien, nous abusions de leur complaisance, mais ils ne rechignaient pas : ils mettaient une incessante gentillesse à nous servir.

Notre guérisseur montrait moins d'indulgence. Sans doute il donnait ses soins avec un entier dévouement, mais avec pas mal d'autorité aussi, quoique sans rudesse ; seulement il n'aimait pas qu'on fît la grimace lorsqu'il lavait notre plaie.

— Vous n'êtes plus des enfants, disait-il. Prenez sur vous!

Et il fallait bien que nous prenions sur nous, si nous ne voulions pas passer pour d'irrémédiables pleurnicheurs. Nous prenions donc sur nous deux fois par jour, car notre guérisseur lavait notre plaie une première fois le matin, et une deuxième fois le soir. Il employait pour cela une eau où macéraient certaines écorces et, tout en lavant la plaie, il prononçait les incantations qui guérissent.* C'était lui aussi qui assumait la charge de nous enseigner et de nous initier.

Après une première semaine entièrement passée dans la solitude de la case, et dont la monotonie n'avait été interrompue que par les quelques visites que mon père m'avait faites, nous avons recouvré une liberté de marche suffisante pour entreprendre quelques courtes promenades en brousse, sous la conduite de notre guérisseur.

Tant que nous demeurions aux environs immédiats de la ville, les jeunes hommes nous précédaient. Ils marchaient en éclaireurs afin que si quelque femme vînt à se trouver sur notre chemin, ils l'avertissent à temps de s'éloigner. Nous ne devions en effet point rencontrer de femmes, nous ne devions voir de femmes sous aucun prétexte, même pas notre mère, tant que notre plaie ne serait pas convenablement cicatrisée. L'interdit tend simplement* à ne pas contrecarrer la cicatrisation; je ne crois pas qu'il faille chercher des explications plus lointaines.

L'enseignement* que nous recevions en brousse, loin des oreilles indiscrètes, n'avait rien de très mystérieux; rien, je pense, que d'autres oreilles que les nôtres n'auraient pu entendre. Ces leçons, les mêmes que celles qui furent données à tous ceux qui nous ont précédés, se résumaient à la ligne de conduite qu'un homme doit tenir dans la vie: être franc absolument, acquérir les vertus qui en toutes circonstances font l'honnête homme, remplir nos devoirs envers Dieu, envers nos parents, envers les notables, envers le prochain. Et cependant nous ne devions rien communiquer de ce qui nous était dit, ni aux femmes ni aux non-initiés; pas plus que nous ne devions rien dévoiler des rites secrets de la circoncision. La coutume est telle.* Les femmes non plus ne répètent rien des rites de l'excision.

Pour le cas où, plus tard, un non-initié eût cherché à surprendre ce qui avait été enseigné, et se fût fait à cette intention passer pour un initié, on nous informait des moyens de le démasquer. Le plus simple, mais non le moins laborieux de ces moyens, consiste en des phrases avec refrains sifflés. Il y a quantité de ces refrains, il y en a suffisamment pour que l'imposteur, fût-il parvenu par extraordinaire à en retenir deux ou trois, se voie néanmoins dépisté au quatrième ou au dixième, sinon au vingtième! Toujours longs, toujours compliqués, ces refrains sont impossibles à répéter, si on ne vous les a abondamment serinés, si on ne les a patiemment appris.

Le fait est qu'il faut une longue patience pour les apprendre, une mémoire exercée pour les retenir. Il nous arrivait de nous en apercevoir: lorsque notre guérisseur nous jugeait par trop rebelles à son enseignement — et en vérité nous n'étions pas toujours attentifs —, il nous rappelait vivement à la discipline; il se servait pour cela du pompon qui pendait à notre bonnet: il nous en cinglait le dos! Cela paraîtra anodin; mais si le pompon est volumineux, s'il est largement garni de coton, le noyau qu'on place au centre est dur, et il tombe rudement!

La troisième semaine, on m'a permis de voir ma mère. Quand un des jeunes hommes est venu me dire que ma mère était devant la porte, je me suis précipité.

— Holà! pas si vite! m'a-t-il dit en me prenant la main. Attends-moi!

— Oui, mais viens vite!

Trois semaines! Jamais encore* nous n'étions restés séparés un si long espace de temps. Quand je partais en vacances pour Tindican, je demeurais rarement plus de dix ou quinze jours absent, et ce n'était pas une absence qu'on aurait pu comparer à celle qui nous séparait présentement.

— Eh bien! tu viens? dis-je.

Je trépignais d'impatience.

— Écoute! dit le jeune homme. Écoute-moi d'abord! Tu vas voir ta mère, il t'est permis de la voir, mais tu dois la voir du seuil de l'enceinte: tu ne peux pas franchir l'enceinte!

— Je resterai sur le seuil, dis-je. Mais laisse-moi aller!

Et je secouais sa main.

— Nous irons ensemble, dit-il.

Il n'avait pas lâché ma main, et nous sommes sortis ensemble de la case. La porte de l'enceinte était entrouverte. Sur le seuil, plusieurs des jeunes hommes étaient assis; ils me firent signe de ne pas aller au-delà. Je franchis d'un pas rapide les quelques mètres qui me séparaient de la porte, et brusquement je vis ma mère! Elle se tenait dans la poussière du chemin, à quelques pas de l'enceinte: elle non plus ne devait pas s'approcher davantage.

— Mère! ai-je crié. Mère!

Et j'eus tout à coup la gorge serrée. Était-ce parce que je ne pouvais m'approcher plus près, parce que je ne pouvais serrer ma mère dans mes bras? Était-ce parce que tant de jours déjà nous séparaient, parce que beaucoup de jours devaient nous séparer encore? Je ne sais pas. Je sais seulement que je ne pouvais que crier: 'Mère', et qu'à ma joie de la revoir, un brusque, un étrange abattement avait succédé. Ou devais-je attribuer cette instabilité à la transformation qui s'était faite en moi? Quand j'avais quitté ma mère, j'étais toujours un enfant. A présent... Mais étais-je vraiment un homme, à présent? Étais-je déjà un homme?... J'étais un homme! Oui, j'étais un homme!

123

A présent, il y avait cette distance entre ma mère et moi:
l'homme!* C'était une distance infiniment plus grande que
les quelques mètres qui nous séparaient.

— Mère! ai-je de nouveau crié.

Mais je l'avais crié faiblement cette fois, comme une
plainte et comme pour moi-même, misérablement.

— Eh bien, je suis là! a dit ma mère. Je suis venue te
voir.

— Oui, tu es venue me voir!

Et je passai subitement de l'abattement à la joie. De quoi
m'embarrassais-je? Ma mère était là! Elle était devant
moi! En deux enjambées j'aurais pu la rejoindre; je l'eusse
assurément rejointe, s'il n'y avait eu cette défense absurde*
de franchir le seuil de l'enceinte.

— Je suis contente de te voir! a poursuivi ma mère.

Et elle a souri. J'ai aussitôt compris pourquoi elle souriait.
Elle était venue, un peu inquiète, vaguement inquiète.
Bien qu'on lui apportât de mes nouvelles, bien que mon
père lui en rapportât, et que ces nouvelles fussent bonnes,
elle était demeurée un peu inquiète: qu'est-ce qui l'assurait
qu'on lui disait toute la vérité? Mais maintenant elle avait
jugé par elle-même, elle avait reconnu à ma mine que ma
convalescence était réellement en bonne voie, et elle était
vraiment contente.

— Je suis vraiment très contente! a-t-elle dit.

Néanmoins elle n'a rien ajouté: il suffisait de cette
allusion lointaine. On ne doit pas parler ouvertement* de
guérison, moins encore de notre guérison: cela n'est pas
prudent, cela risque de déchaîner des forces hostiles.

— Je t'ai apporté des noix de kola, a dit ma mère.

Et elle a ouvert le petit cabas qu'elle tenait à la main, elle
m'a montré les noix. Un des jeunes hommes qui étaient
assis sur le seuil, est allé les prendre et me les a remises.

— Merci, mère!

— Maintenant je vais rentrer, a-t-elle dit.

— Dis bonjour à mon père, dis bonjour à tous!

— Oui, je le ferai.

— A très bientôt, mère!

— A très bientôt, a-t-elle répondu.

Sa voix tremblait un peu. Je suis rentré aussitôt. L'entrevue n'avait pas duré deux minutes, mais c'était tout ce qui nous était permis; et tout le temps, il y avait eu entre nous cet espace que nous ne devions pas franchir. Pauvre chère maman! Elle ne m'avait seulement pas serré contre sa poitrine! Pourtant je suis sûr qu'elle s'était éloignée, très droite, très digne;* elle se tenait toujours très droite, et parce qu'elle se tenait si droite, elle paraissait plus grande qu'elle n'était; et elle marchait toujours très dignement: sa démarche était naturellement digne. Il me semblait la voir marcher dans le chemin, la robe tombant noblement, le pagne bien ajusté, les cheveux soigneusement nattés et ramenés au niveau de la nuque. Comme ces trois semaines avaient dû lui paraître longues!

Je me suis un peu promené dans la cour, avant de regagner la case: j'étais triste, de nouveau j'étais triste. Avais-je perdu, en même temps que l'enfance, mon insouciance? J'ai rejoint mes compagnons, j'ai partagé les noix; leur amertume si plaisante généralement, si fraîche au palais quand, après, on va boire au canari, n'était plus que pure amertume.

Certes mon père, lui, venait souvent; il pouvait me faire visite aussi souvent qu'il le voulait: mais nous nous disions très peu de choses: ces visites, au milieu de mes compagnons et des jeunes hommes, étaient sans véritable intimité; nos paroles couraient ici, couraient là, nos paroles s'égaraient, et nous serions bientôt demeurés sans plus rien nous dire, si les jeunes hommes, si mes compagnons n'avaient finalement pris part à notre conversation.

La quatrième semaine s'est passée plus librement. Les plaies étaient pour la plupart cicatrisées ou en telle voie qu'il n'y avait plus danger d'en voir la guérison s'interrompre. La fin de la semaine nous a trouvés parfaitement valides. Les jeunes hommes ont rabattu nos hauts bonnets et décousu nos boubous. Nous portions à present les larges pantalons des hommes et nous étions, il va sans dire, impatients de nous montrer: nous sommes allés nous promener dans la ville, très fiers, immensément fiers de notre nouvel accoutrement, et parlant haut comme si déjà nous ne monopolisions pas suffisamment les regards.

Nous demeurions toutefois en groupe, et c'est en groupe aussi que nous avons entrepris la tournée des diverses concessions auxquelles nous appartenions. A chaque visite on nous faisait fête, et nous, nous faisions large honneur au festin qui nous attendait; maintenant que nous étions en pleine convalescence — plusieurs avaient dépassé déjà le stade de la convalescence; je l'avais, pour ma part, bel et bien dépassé —, nous avions les dents merveilleusement longues.

Quand un incirconcis s'approchait un peu trop près de notre joyeuse bande, nous nous saisissions de lui et le fouettions par jeu avec nos pompons. Tout contact pourtant nous demeurait encore interdit avec les jeunes filles, et c'était une défense qu'aucun de nous n'eût enfreint: nous étions sévèrement avertis que si quelque femme nous voyait intimement, nous courrions le risque de rester à jamais stériles. Fanta que je rencontrai, me fit discrètement signe de loin; je lui répondis de la même manière, par un simple battement des paupières. L'aimais-je toujours? Je ne savais pas. Nous avions été si retranchés du monde, nous étions devenus si différents de ce que nous avions été, bien qu'un mois à peine se fût écoulé entre notre enfance et notre âge d'homme, si indifférents à ce que nous avions été, que je ne savais plus très bien où j'en étais. 'Le temps, pensais-je, le temps m'apportera un nouvel équilibre.' Mais quelle sorte d'équilibre? Je me l'imaginais mal.

L'heure vint finalement où le guérisseur nous jugea tout à fait rétablis et nous rendit à nos parents. Ce retour n'était pas absolu, mais il le fut exceptionnellement pour moi:* j'étais écolier et je ne pouvais plus longtemps me joindre aux excursions que mes compagnons entreprenaient dans les villes et les villages avoisinants; je ne pouvais davantage partager leurs travaux dans les champs de notre guérisseur, en retour des soins que nous avions reçus. Mes parents firent ce qui était nécessaire pour m'en dispenser.

Quand je regagnai définitivement ma concession, toute la famille m'attendait. Mes parents me serrèrent fortement dans leurs bras, ma mère particulièrement comme si elle avait voulu secrètement affirmer que j'étais toujours son fils, que ma seconde naissance n'enlevait point ma qualité de fils. Mon père nous considéra un moment, puis il me dit comme à regret:

— Voici désormais ta case,* mon petit.

La case faisait face à la case de ma mère.

— Oui, dit ma mère, à présent tu dormiras là; mais, tu vois, je reste à portée de ta voix.

J'ouvris la porte de la case: sur le lit, mes vêtements étaient étalés. Je m'approchai et les pris un à un, puis les reposai doucement; c'étaient des vêtements d'homme! Oui, la case faisait face à la case de ma mère, je restais à portée de la voix de ma mère, mais les vêtements, sur le lit, étaient des vêtements d'homme! J'étais un homme!

— Es-tu satisfait de tes nouveaux vêtements? demanda ma mère.

Satisfait?* Oui, j'étais satisfait: il allait de soi que je fusse satisfait. Enfin je crois bien que j'étais satisfait. C'étaient de beaux vêtements, c'étaient... Je me tournai vers ma mère: elle me souriait tristement...

9

J'avais quinze ans, quand je partis pour Conakry. J'allais y suivre l'enseignement technique à l'école Georges Poiret, devenue depuis le Collège technique.

Je quittais mes parents pour la deuxième fois. Je les avais quittés une première fois aussitôt après mon certificat d'études, pour servir d'interprète à un officier qui était venu faire des relevés de terrain dans notre région et en direction du Soudan. Cette fois, je prenais un congé beaucoup plus sérieux.

Depuis une semaine, ma mère accumulait les provisions. Conakry est à quelque 600 kilomètres de Kouroussa et, pour ma mère, c'était une terre inconnue,* sinon inexplorée, où Dieu seul savait si l'on mange à sa faim. Et c'est pourquoi les couscous, les viandes, les poissons, les ignames,* le riz, les patates* s'entassaient. Une semaine plus tôt déjà, ma mère avait entamé la tournée des marabouts* les plus réputés, les consultant sur mon avenir et multipliant les sacrifices. Elle avait fait immoler un bœuf à la mémoire de son père et invoqué l'assistance de ses ancêtres,* afin que le bonheur m'accompagnât dans un voyage qui, à ses yeux, était un peu comme un départ chez les sauvages; le fait que Conakry est la capitale de la Guinée, ne faisait qu'accentuer le caractère d'étrangeté du lieu où je me rendrais.

La veille de mon départ, un magnifique festin réunit dans notre concession marabouts et féticheurs,* notables et amis et, à dire vrai, quiconque se donnait la peine de franchir le seuil, car il ne fallait, dans l'esprit de ma mère, éloigner personne; il fallait tout au contraire que des représentants de toutes les classes de la société assistassent au festin, afin que la bénédiction qui m'accompagnerait fût complète. Telle était d'ailleurs l'intention dans laquelle les marabouts avaient ordonné cette dépense de victuailles. Et ainsi chacun, après s'être rassasié, me bénissait, disait en me serrant la main :

— Que la chance te favorise! Que tes études soient bonnes! Et que Dieu te protège!

Les marabouts, eux, usaient de formules plus longues. Ils commençaient par réciter quelques textes du Coran adaptés à la circonstance; puis, leurs invocations achevées, ils prononçaient le nom d'Allah; immédiatement après, ils me bénissaient.

Je passai une triste nuit. J'étais très énervé, un peu angoissé aussi, et je me réveillai plusieurs fois. Une fois, il me sembla entendre des gémissements. Je pensai aussitôt à ma mère. Je me levai et allai à sa case : ma mère remuait sur sa couche et se lamentait sourdement. Peut-être aurais-je dû me montrer, tenter de la consoler, mais j'ignorais comment elle m'accueillerait : peut-être n'aurait-elle pas été autrement satisfaite d'avoir été surprise à se lamenter; et je me retirai, le cœur serré. Est-ce que la vie était ainsi faite,* qu'on ne pût rien entreprendre sans payer tribut aux larmes?

Ma mère me réveilla à l'aube, et je me levai sans qu'elle dût insister. Je vis qu'elle avait les traits tirés, mais elle prenait sur elle, et je ne dis rien : je fis comme si son calme apparent me donnait réellement le change sur sa peine. Mes bagages étaient en tas dans la case. Soigneusement calée et placée en évidence, une bouteille y était jointe.

— Qu'y a-t-il dans cette bouteille? dis-je.

— Ne la casse pas! dit ma mère.

— J'y ferai attention.

— Fais-y grande attention! Chaque matin, avant d'entrer en classe, tu prendras une petite gorgée de cette bouteille.

— Est-ce l'eau destinée à développer l'intelligence?* dis-je.

— Celle-là même! Et il n'en peut exister de plus efficace: elle vient de Kankan!*

J'avais déjà bu de cette eau: mon professeur m'en avait fait boire, quand j'avais passé mon certificat d'études. C'est une eau magique qui a nombre de pouvoirs et en particulier celui de développer le cerveau. Le breuvage est curieusement composé: nos marabouts ont des planchettes sur lesquelles ils écrivent des prières tirées du Coran; lorqu'ils ont fini d'écrire le texte, ils l'effacent en lavant la planchette; l'eau de ce lavage est précieusement recueillie et, additionnée de miel, elle forme l'essentiel du breuvage. Acheté dans la ville de Kankan, qui est une ville très musulmane et la plus sainte de nos villes, et manifestement acheté à haut prix, le breuvage devait être particulièrement agissant. Mon père, pour sa part, m'avait remis, la veille, une petite corne de bouc renfermant des talismans;* et je devais porter continuellement sur moi cette corne qui me défendrait contre les mauvais esprits.

— Cours vite faire tes adieux maintenant! dit ma mère.

J'allai dire au revoir aux vieilles gens de notre concession et des concessions voisines, et j'avais le cœur gros. Ces hommes, ces femmes, je les connaissais depuis ma plus tendre enfance, depuis toujours je les avais vus à la place même où je les voyais, et aussi j'en avais vu disparaître: ma grand-mère paternelle avait disparu! Et reverrais-je tous ceux auxquels je disais à présent adieu? Frappé de cette incertitude, ce fut comme si soudain je prenais congé de mon passé même.* Mais n'était-ce pas un peu cela? Ne quittais-je pas ici toute une partie de mon passé?

Quand je revins près de ma mère et que je l'aperçus en larmes devant mes bagages, je me mis à pleurer à mon tour. Je me jetai dans ses bras et je l'étreignis.

— Mère! criai-je.

Je l'entendais sangloter, je sentais sa poitrine douloureusement se soulever.

— Mère, ne pleure pas! dis-je. Ne pleure pas!

Mais je n'arrivais pas moi-même à refréner mes larmes et je la suppliai de ne pas m'accompagner à la gare, car il me semblait qu'alors je ne pourrais jamais m'arracher à ses bras. Elle me fit signe qu'elle y consentait. Nous nous étreignîmes une dernière fois, et je m'éloignai presque en courant. Mes sœurs, mes frères, les apprentis se chargèrent des bagages.

Mon père m'avait rapidement rejoint et il m'avait pris la main, comme du temps où j'étais encore enfant. Je ralentis le pas: j'étais sans courage, je sanglotais éperdument.

— Père! fis-je.

— Je t'écoute, dit-il.

— Est-il vrai que je pars?

— Que ferais-tu d'autre? Tu sais bien que tu dois partir.*

— Oui, dis-je.

Et je me remis à sangloter.

— Allons! allons! mon petit, dit-il. N'es-tu pas un grand garçon?

Mais sa présence même, sa tendresse même — et davantage encore maintenant qu'il me tenait la main — m'enlevaient le peu de courage qui me restait, et il le comprit.

— Je n'irai pas plus loin, dit-il. Nous allons nous dire adieu ici: il ne convient pas que nous fondions en larmes à la gare, en présence de tes amis; et puis je ne veux pas laisser ta mère seule en ce moment: ta mère a beaucoup de peine! J'en ai beaucoup aussi. Nous avons tous beaucoup de peine, mais nous devons nous montrer courageux. Sois courageux! Mes frères, là-bas, s'occuperont de toi. Mais travaille bien! Travaille comme tu travaillais ici. Nous avons consenti pour toi des sacrifices; il ne faut point qu'ils demeurent sans résultat. Tu m'entends?

— Oui, fis-je.

Il demeura silencieux un moment, puis reprit:

— Vois-tu, je n'ai pas eu comme toi un père qui veillait sur moi; au moins ne l'ai-je pas eu très longtemps: à douze ans, j'étais orphelin; et j'ai dû faire seul mon chemin. Ce n'était pas un chemin facile! Les oncles auxquels on m'avait confié, m'ont traité plus en esclave qu'en neveu. Ce n'est pas pourtant que je leur sois resté longtemps à charge: presque tout de suite ils m'ont placé chez les Syriens;* j'y étais simple domestique, et tout ce que je gagnais, je le remettais fidèlement à mes oncles, mais mes gains mêmes ne désarmèrent jamais leur rudesse ni leur avidité. J'ai dû beaucoup me contraindre et beaucoup travailler pour me faire ma situation. Toi... Mais en voilà assez. Saisis ta chance! Et fais-moi honneur! Je ne te demande rien de plus. Le feras-tu?

— Je le ferai, père.

— Bien! bien... Allons! sois brave, petit. Va!...

— Père!

Il me serra contre lui; il ne m'avait jamais serré si étroitement contre lui.

— Va! petit, va!

Il desserra brusquement son étreinte et partit très vite — sans doute ne voulait-il point me montrer ses larmes —, et je poursuivis ma route vers la gare. L'aînée de mes sœurs, mes frères, Sidafa et les plus jeunes apprentis m'escortaient avec mes bagages. A mesure que nous avancions, des amis se joignaient à nous; Fanta aussi rejoignit notre groupe. Et c'était un peu comme si de nouveau j'avais été sur le chemin de l'école: tous mes compagnons étaient là, et même notre bande n'avait jamais été plus nombreuse. Et de fait, n'étais-je pas sur le chemin de l'école?

— Fanta, dis-je, nous sommes sur le chemin de l'école.

Mais elle ne me répondit que par un pâle sourire, et mes paroles n'eurent pas d'autre écho. J'étais en vérité sur le chemin de l'école, mais j'étais seul; déjà j'étais seul!* Nous n'avions jamais été plus nombreux, et jamais je n'avais été si seul. Bien que ma part fût sans doute la plus lourde, nous portions tous le poids de la séparation: à peine échangions-nous quelque rare parole. Et nous fûmes sur le quai de la gare, attendant le train, sans nous être quasiment rien dit; mais qu'eussions-nous dit que nous ne ressentions chacun? Tout allait sans le dire.

Plusieurs griots étaient venus saluer mon départ. Je ne fus pas plus tôt sur le quai, qu'ils m'assaillirent de flatteries. 'Déjà tu es aussi savant que les Blancs! chantaient-ils. Tu es véritablement comme les Blancs! A Conakry, tu t'assoieras parmi les plus illustres!' De tels excès étaient assurément plus faits pour me confondre que pour cha-touiller ma vanité. Au vrai, que savais-je? Ma science était bien courte encore! Et ce que je savais, d'autres aussi le savaient: mes compagnons qui m'entouraient, en savaient autant que moi! J'aurais voulu demander aux griots de se taire ou tout au moins de modérer leurs louanges, mais c'eût été aller contre les usages,* et je me tins coi. Leurs flatteries d'ailleurs n'étaient peut-être pas tout à fait inutiles: elles me faisaient penser à prendre mes études fort au sérieux, et il est vrai que je les avais toujours prises fort au sérieux; mais tout ce que chantaient les griots à présent, je me voyais désormais contraint de le réaliser un jour, si je ne voulais pas à mon retour, à chaque retour, avoir l'air d'un âne.

Ces flatteries eurent encore un effet supplémentaire: celui de me distraire du chagrin où j'étais plongé. J'en avais souri — j'avais commencé par en sourire avant d'en res-sentir de la confusion —, mais si mes compagnons en avaient également perçu le ridicule, et ils l'avaient néces-sairement perçu, rien néanmoins n'en affleurait sur leurs traits; sans doute sommes-nous si habitués aux hyperboles des griots, que nous n'y accordons plus attention. Mais Fanta? Non, Fanta avait dû prendre ces flatteries pour argent comptant. Fanta... Fanta ne songeait pas à sourire: elle avait les yeux embués. Chère Fanta!... Je jetai, en désespoir de cause, un regard à ma sœur: celle-ci pour sûr avait dû éprouver mes sentiments: elle éprouvait toujours mes sentiments; mais je la vis simplement préoccupée par mes bagages: elle m'avait déjà plusieurs fois recommandé d'y veiller et elle profita de la rencontre de nos regards pour me le répéter.

— Sois sans crainte, dis-je. J'y veillerai.

— Te rappelles-tu leur nombre? dit-elle.

— Certainement!

— Bon! Alors ne les égare pas. Souviens-toi que tu passes ta première nuit à Mamou: le train s'arrête, la nuit, à Mamou.

— Suis-je un enfant auquel il faut tout expliquer?

— Non, mais tu ne sais pas comment sont les gens là où tu vas. Garde tes bagages à portée et, de temps en temps, compte-les. Tu me comprends: aie l'œil dessus!

— Oui, dis-je.

— Et ne donne pas ta confiance au premier venu! Tu m'entends?

— Je t'entends!

Mais il y avait un moment déjà que j'avais cessé de l'entendre et cessé de sourire des hyperboles des griots: ma peine m'était brusquement revenue! Mes jeunes frères avaient glissé leurs petites mains dans les miennes, et je pensais à la tendre chaleur de leurs mains; je pensais aussi que le train n'allait plus tarder, et qu'il me faudrait lâcher leurs mains et me séparer de cette chaleur, me séparer de cette douceur; et je craignais de voir déboucher le train, je souhaitais que le train eût du retard:* parfois il avait du retard; peut-être aujourd'hui aussi aurait-il du retard? Je regardai l'heure, et il avait du retard! Il avait du retard!... Mais il déboucha tout à coup, et je dus lâcher les mains, quitter cette douceur et comme tout quitter!

Dans le brouhaha du départ, il me sembla que je ne voyais que mes frères: ils étaient ici, ils étaient là, et comme éperdus, mais se faufilant néanmoins chaque fois au premier rang; et mes regards inlassablement les cherchaient, inlassablement revenaient sur eux. Les aimais-je donc tant? Je ne sais pas. Il m'arrivait souvent de les négliger: quand je partais pour l'école, les plus petits dormaient encore ou bien on les baignait, et quand je rentrais de l'école, je n'avais pas toujours grand temps à leur donner; mais maintenant je ne regardais qu'eux. Était-ce leur chaleur qui imprégnait encore mes mains et me rappelait que mon père, tout à l'heure, m'avait pris la main? Oui, peut-être; peut-être cette dernière chaleur qui était celle de la case natale.

On me passa mes bagages par la fenêtre, et je les éparpillai autour de moi; ma sœur sans doute me fit une dernière recommandation aussi vaine que les précédentes; et chacun certainement eut une parole gentille, Fanta sûrement aussi, Sidafa aussi; mais dans cet envolement de mains et d'écharpes qui salua le départ du train, je ne vis vraiment que mes frères qui couraient le long du quai, le long du train, en me criant adieu. Là où le quai finit, ma sœur et Fanta les rejoignirent. Je regardai mes frères agiter leur béret, ma sœur et Fanta agiter leur foulard, et puis soudain je les perdis de vue; je les perdis de vue bien avant que l'éloignement du train m'y eût contraint: mais c'est qu'une brume soudain les enveloppa, c'est que les larmes brouillèrent ma vue... Longtemps je demeurai dans mon coin de compartiment, comme prostré, mes bagages répandus autour de moi, avec cette dernière vision dans les yeux: mes jeunes frères, ma sœur, Fanta...

Vers midi, le train atteignit Dabola. J'avais finalement rangé mes bagages et je les avais comptés; et je commençais à reprendre un peu intérêt aux choses et aux gens. J'entendis parler le peul:* Dabola est à l'entrée du pays peul. La grande plaine où j'avais vécu jusque-là, cette plaine si riche, si pauvre aussi, si avare parfois avec son sol brûlé, mais d'un visage si familier, si amical, cédait la place aux premières pentes du Fouta-Djallon.

Le train repartit vers Mamou, et bientôt les hautes falaises du massif apparurent. Elles barraient l'horizon, et le train partait à leur conquête; mais c'était une conquête très lente, presque désespérée, si lente et si désespérée qu'il arrivait que le train dépassât à peine le pas d'homme. Ce pays nouveau pour moi, trop nouveau pour moi, trop tourmenté, me déconcertait plus qu'il ne m'enchantait; sa beauté m'échappait.

J'arrivai à Mamou un peu avant la fin du jour. Comme le train ne repart de cette ville que le lendemain, les voyageurs passent la nuit où cela se trouve, à l'hôtel ou chez des amis. Un ancien apprenti de mon père, averti de mon passage, me donna l'hospitalité pour la nuit. Cet apprenti se montra on ne peut plus aimable en paroles; en fait — mais peut-être ne se souvint-il pas de l'opposition des climats — il me logea dans une case obscure, juchée sur une colline, où j'eus tout loisir — plus de loisir que je n'en souhaitais! — d'éprouver les nuits froides et l'air sec du Fouta-Djallon. La montagne décidément ne me disait rien!

Le lendemain, je repris le train, et un revirement se fit en moi: était-ce l'accoutumance déjà? je ne sais; mais mon opinion sur la montagne se modifia brusquement et à telle enseigne que, de Mamou à Kindia, je ne quittai pas la fenêtre une seconde. Je regardais, et cette fois* avec ravissement, se succéder cimes et précipices, torrents et chutes d'eau, pentes boisées et vallées profondes. L'eau jaillissait partout, donnait vie à tout. Le spectacle était admirable, un peu terrifiant aussi quand le train s'approchait par trop des précipices. Et parce que l'air était d'une extraordinaire pureté, tout se voyait dans le moindre détail.

C'était une terre heureuse ou qui paraissait heureuse. D'innombrables troupeaux paissaient, et les bergers nous saluaient au passage.

A l'arrêt de Kindia, je cessai d'entendre parler le peul: on parlait le soussou,* qui est le dialecte qu'on parle également à Conakry. Je prêtai l'oreille un moment, mais presque tout m'échappa, des paroles qu'on échangeait.

Nous descendions à présent vers la côte et vers Conakry, et le train roulait, roulait; autant il s'était essoufflé à escalader le massif, autant il le dévalait joyeusement. Mais le paysage n'était plus le même qu'entre Mamou et Kindia, le pittoresque n'était plus le même:* c'était ici une terre moins mouvementée, moins âpre et déjà domestiquée, où de grandes étendues symétriquement plantées de bananiers et de palmiers se suivaient avec monotonie. La chaleur aussi était lourde, et toujours plus lourde à mesure que nous nous rapprochions des terres basses et de la côte, et qu'elle gagnait en humidité; et l'air naturellement avait beaucoup perdu de sa transparence.

A la nuit tombée, la presqu'île de Conakry se découvrit, vivement illuminée. Je l'aperçus de loin comme une grande fleur claire posée sur les flots; sa tige la retenait au rivage. L'eau à l'entour luisait doucement, luisait comme le ciel; mais le ciel n'a pas ce frémissement! Presque tout de suite, la fleur se mit à grandir, et l'eau recula, l'eau un moment encore se maintint des deux côtés de la tige, puis disparut. Nous nous rapprochions maintenant rapidement. Quand nous fûmes dans la lumière même de la presqu'île et au cœur de la fleur, le train s'arrêta.

Un homme de haute taille et qui imposait, vint au-devant de moi. Je ne l'avais jamais vu — ou, si je l'avais vu, c'était dans un âge trop tendre pour m'en souvenir —, mais à la manière dont il me dévisageait, je devinai qu'il était le frère de mon père.

— Êtes-vous mon oncle Mamadou? dis-je.

— Oui, dit-il, et toi, tu es mon neveu Laye. Je t'ai aussitôt reconnu : tu es le vivant portrait de ta mère ! Vraiment, je n'aurais pas pu ne pas te reconnaître. Et, dis-moi comment va-t-elle, ta mère ? Et comment va ton père ?... Mais viens ! nous aurons tout loisir de parler de cela. Ce qui compte pour l'instant, c'est que tu dînes et puis que tu te reposes. Alors suis-moi, et tu trouveras ton dîner prêt et ta chambre préparée.

Cette nuit fut la première que je passai dans une maison européenne.* Était-ce le manque d'habitude, était-ce la chaleur humide de la ville ou la fatigue de deux journées de train, je dormis mal. C'était pourtant une maison très confortable que celle de mon oncle, et la chambre où je dormis était très suffisamment vaste, le lit assurément moelleux, plus moelleux qu'aucun de ceux sur lesquels je m'étais jusque-là étendu ; au surplus j'avais été très amicalement accueilli, accueilli comme un fils pourrait l'être ; il n'empêche : je regrettais Kouroussa, je regrettais ma case ! Ma pensée demeurait toute tournée vers Kouroussa : je revoyais ma mère, mon père, je revoyais mes frères et mes sœurs, je revoyais mes amis. J'étais à Conakry et je n'étais pas tout à fait à Conakry : j'étais toujours à Kouroussa ; et je n'étais plus à Kouroussa ! J'étais ici et j'étais là ; j'étais déchiré.* Et je me sentais très seul, en dépit de l'accueil affectueux que j'avais reçu.

— Alors, me dit mon oncle, quand je me présentai le lendemain devant lui, as-tu bien dormi ?

— Oui, dis-je.

— Non, dit-il ; peut-être n'as-tu pas très bien dormi. Le changement aura été un peu brusque. Mais tout cela n'est qu'affaire d'habitude. Tu reposeras déjà beaucoup mieux, la nuit prochaine. Tu ne crois pas ?

— Je le crois.

— Bon. Et aujourd'hui, que comptes-tu faire ?

— Je ne sais pas. Ne dois-je pas rendre visite à l'école ?

— Nous ferons cette visite demain et nous la ferons ensemble. Aujourd'hui, tu vas visiter la ville. Profite de ton dernier jour de vacances! Es-tu d'accord?

— Oui, mon oncle.

Je visitai la ville.* Elle différait fort de Kouroussa. Les avenues y étaient tirées au cordeau et se coupaient à angle droit. Des manguiers les bordaient et par endroits formaient charmille;* leur ombre épaisse était partout la bienvenue, car la chaleur était accablante non qu'elle fût beaucoup plus forte qu'à Kouroussa — peut-être même était-elle moins forte —, mais saturée de vapeur d'eau à un point inimaginable. Les maisons s'entouraient toutes de fleurs et de feuillage; beaucoup étaient comme perdues dans la verdure, noyées dans un jaillissement effréné de verdure. Et puis je vis la mer!*

Je la vis brusquement au bout d'une avenue et je demeurai un long moment à regarder son étendue, à regarder les vagues se suivre et se poursuivre, et finalement se briser contre les roches rouges du rivage. Au loin, des îles apparaissaient, très vertes en dépit de la buée qui les environnait. Il me sembla que c'était le spectacle le plus étonnant qu'on pût voir; du train et de nuit, je n'avais fait que l'entrevoir; je ne m'étais pas fait une notion juste de l'immensité de la mer et moins encore de son mouvement, de la sorte de fascination qui naît de son infatigable mouvement; à présent j'avais le spectacle sous les yeux et je m'en arrachai difficilement.

— Eh bien, comment as-tu trouvé la ville? me dit mon oncle à mon retour.

— Superbe! dis-je.

— Oui, dit-il, bien qu'un peu chaude si j'en juge par l'état de tes vêtements. Tu es en nage! Va te changer. Il faudra te changer ici plusieurs fois par jour. Mais ne traîne pas: le repas doit être prêt, et tes tantes sont certainement impatientes de le servir.

Mon oncle habitait la maison avec ses deux femmes, mes tantes Awa et N'Gady, et un frère cadet, mon oncle Sékou. Mes tantes, comme mes oncles, avaient chacune son logement particulier et elles l'occupaient avec leurs enfants.

Mes tantes Awa et N'Gady se prirent d'affection pour moi dès le premier soir et demeurèrent dans ce sentiment au point que, bientôt, elles ne firent plus de différence entre leurs propres enfants et moi-même. Quant aux enfants, plus jeunes de beaucoup, on ne leur apprit pas que je n'étais que leur cousin : ils me crurent leur frère aîné et de fait me traitèrent d'emblée comme tel ; la journée n'était pas à sa fin, qu'ils se pressaient contre moi et grimpaient sur mes genoux ! Plus tard, quand l'habitude fut prise de passer tous mes jours de congé chez mon oncle, ils en vinrent même à guetter mon arrivée : ils ne m'avaient pas plus tôt entendu ou aperçu qu'ils accouraient ; et s'il arrivait qu'occupés par leurs jeux, ils n'accourussent pas aussitôt, mes tantes les rabrouaient : 'Comment ! disaient-elles. Voici une semaine que vous n'avez vu votre grand frère et vous ne courez pas lui dire bonjour ?' Oui, très réellement mes deux tantes s'ingénièrent à remplacer ma mère et elles persévérèrent durant tout le temps de mon séjour. Elles poussèrent même l'indulgence jusqu'à ne jamais me reprocher une maladresse, si bien qu'il m'arriva d'en demeurer tout confus. Elles étaient foncièrement bonnes et d'humeur enjouée ; et je ne fus pas long à constater qu'entre elles, elles s'entendaient on ne peut mieux. En vérité je vécus là au sein d'une famille fort unie et dont toute criaillerie demeurait résolument bannie. Je pense que l'autorité, très souple au reste et quasi secrète, de mon oncle Mamadou fondait cette paix et cette union.

Mon oncle Mamadou était un peu plus jeune que mon père ; il était grand et fort, toujours correctement vêtu, calme et digne ; c'était un homme qui d'emblée imposait. Comme mon père, il était né à Kouroussa, mais l'avait quittée de bonne heure; il y avait été écolier, puis, comme je le faisais maintenant, il était venu poursuivre ses études à Conakry et en avait achevé le cycle à l'École normale* de Goré. Je ne crois pas qu'il soit demeuré longtemps instituteur: très vite le commerce l'avait attiré. Quand j'arrivai à Conakry, il était chef comptable dans un établissement français. J'ai fait petit à petit sa connaissance et plus j'ai appris à le connaître, plus je l'ai aimé et respecté.

Il était musulman,* et je pourrais dire: comme nous le sommes tous; mais il l'était de fait beaucoup plus que nous ne le sommes généralement: son observance du Coran était sans défaillance. Il ne fumait pas, ne buvait pas, et son honnêteté était scrupuleuse. Il ne portait de vêtements européens que pour se rendre à son travail; sitôt rentré, il se déshabillait, passait un boubou qu'il exigeait immaculé, et disait ses prières. A sa sortie de l'École normale, il avait entrepris l'étude de l'arabe; il l'avait appris à fond, et seul néanmoins, s'aidant de livres bilingues et d'un dictionnaire; à présent il le parlait avec la même aisance que le français, sans pour cela en faire aucunement parade, car seule une meilleure connaissance de la religion l'avait incité à l'apprendre: ce qui l'avait guidé, c'était l'immense désir de lire couramment le Coran dans le texte. Le Coran dirigeait sa vie! Jamais je n'ai vu mon oncle en colère, jamais je ne l'ai vu entrer en discussion avec ses femmes; je l'ai toujours vu calme, maître de lui et infiniment patient. A Conakry, on avait grande considération pour lui, et il suffisait que je me réclamasse de ma parenté, pour qu'une part de son prestige rejaillît sur moi. A mes yeux, il faisait figure de saint.

Mon oncle Sékou, le plus jeune de mes oncles paternels, n'avait pas cette intransigeance. D'une certaine façon, il était plus proche de moi: sa jeunesse le rapprochait de moi. Il y avait en lui une exubérance qui me plaisait fort, et qui se traduisait par une grande abondance de paroles. Sitôt qu'il commençait à parler, mon oncle Sékou devenait intarissable. Je l'écoutais volontiers — tout le monde l'écoutait volontiers — car rien de ce qu'il disait n'était insignifiant, et il le disait avec une merveilleuse éloquence. J'ajoute que son exubérance n'allait pas sans qualités profondes et que ces qualités étaient sensiblement les mêmes que celles de mon oncle Mamadou. A l'époque où je l'ai connu, il n'était pas encore marié: fiancé seulement, ce qui était un motif de plus de le rapprocher de moi. Il était employé au chemin de fer Conakry-Niger. Lui aussi fut toujours parfait à mon égard, et parce que l'âge mettait moins de distance entre nous, il fut plus pour moi un frère aîné qu'un oncle.

Le lendemain et mon dernier jour de vacances épuisé, mon oncle Mamadou me conduisit à ma nouvelle école.

— Travaille ferme à présent, me dit-il, et Dieu te protégera. Dimanche, tu me conteras tes premières impressions.

Dans la cour, où l'on me donna les premières indications, au dortoir, où j'allai ranger mes vêtements, je trouvai des élèves venus comme moi de Haute-Guinée, et nous fîmes connaissance; je ne me sentis pas seul. Un peu plus tard, nous entrâmes en classe. Nous étions, anciens et nouveaux, réunis dans une même grande salle. Je me préparai à mettre les bouchées doubles, songeant à tirer déjà quelque parti de l'enseignement qu'on donnerait aux anciens, tout en m'en tenant évidemment au mien propre; mais presque aussitôt je m'aperçus qu'on ne faisait pas grande différence entre anciens et nouveaux: il semblait plutôt qu'on s'apprêtait à répéter aux anciens, pour la deuxième, voire pour la troisième fois, le cours qu'on leur avait seriné dès la première année. 'Enfin, on verra bien!' pensai-je; mais j'étais néanmoins troublé: le procédé ne me paraissait pas de bon augure.

Pour commencer, on nous dicta un texte très simple.

142

Quand le maître corrigea les copies, j'eus peine à comprendre qu'elles pussent fourmiller de tant de fautes. C'était, je l'ai dit, un texte très simple, sans surprises, où pas un de mes compagnons de Kouroussa n'eût trouvé occasion de trébucher. Après, on nous donna un problème à résoudre; nous fûmes très exactement deux à trouver la solution! J'en demeurai atterré: était-ce là l'école où j'accéderais à un niveau supérieur? Il me sembla que je retournais plusieurs années en arrière, que j'étais assis encore dans une des petites classes de Kouroussa. Mais c'était bien cela: la semaine s'écoula sans que j'eusse rien appris. Le dimanche, je m'en plaignis vivement à mon oncle:

— Rien! je n'ai rien appris, mon oncle! Tout ce qu'on nous a enseigné, je le savais depuis longtemps. Est-ce la peine vraiment d'aller à cette école? Autant regagner Kouroussa tout de suite!

— Non, dit mon oncle; non! Attends un peu!

— Il n'y a rien à attendre! J'ai bien vu qu'il n'y avait rien à attendre!

— Allons! ne sois pas si impatient! Es-tu toujours si impatient? Cette école où tu es, peut-être bien est-elle à un niveau trop bas pour ce qui regarde l'enseignement général, mais elle peut te donner une formation pratique que tu ne trouveras pas ailleurs. N'as-tu pas travaillé dans les ateliers?

Je lui montrai mes mains: elles étaient zébrées d'éraflures, et les pointes des doigts me brûlaient.

— Mais je ne veux pas devenir un ouvrier! dis-je.

— Pourquoi le deviendrais-tu?

— Je ne veux pas qu'on me méprise!

Aux yeux de l'opinion, il y avait une différence énorme entre les élèves de notre école et ceux du collège Camille Guy. Nous, on nous tenait simplement pour de futurs ouvriers; certes, nous ne serions pas des manœuvres,* mais nous deviendrions tout au plus des contremaîtres;* jamais, comme les élèves du collège Camille Guy, nous n'aurions accès aux écoles de Dakar.*

— Écoute-moi attentivement, dit mon oncle. Tous les élèves venant de Kouroussa ont toujours dédaigné l'école technique, toujours ils ont rêvé d'une carrière de gratte-papier.* Est-ce une telle carrière que tu ambitionnes? Une carrière où vous serez perpétuellement treize à la douzaine? Si réellement ton choix s'est fixé sur une telle carrière, change d'école. Mais dis-toi bien ceci, retiens bien ceci: si j'avais vingt ans de moins, si j'avais mes études à refaire, je n'eusse point été à l'École normale; non! j'aurais appris un bon métier dans une école professionnelle: un bon métier m'eût conduit autrement loin!

— Mais alors, dis-je, j'aurais aussi bien pu ne pas quitter la forge paternelle!

— Tu aurais pu ne pas la quitter. Mais, dis-moi, n'as-tu jamais eu l'ambition de la dépasser?

Or, j'avais cette ambition; mais ce n'était pas en devenant un travailleur manuel que je la réaliserais; pas plus que l'opinion commune, je n'avais de considération pour de tels travailleurs.

— Mais qui te parle de travailleur manuel? dit mon oncle. Un technicien n'est pas nécessairement un manuel et, en tout cas, il n'est pas que cela: c'est un homme qui dirige et qui sait, le cas échéant, mettre la main à la pâte. Or les hommes qui dirigent des entreprises, ne savent pas tous mettre la main à la pâte, et ta supériorité sera là justement. Crois-moi: demeure où tu es! Je vais d'ailleurs t'apprendre une chose que tu ignores encore: ton école est en voie de réorganisation. Tu y verras sous peu de grands changements, et l'enseignement général n'y sera plus inférieur à celui du collège Camille Guy.

Est-ce que les arguments de mon oncle finirent par me convaincre? Pas pleinement peut-être. Mais mon oncle

Sékou et mes tantes même joignirent leurs instances aux siennes, et je demeurai donc à l'école technique.

Quatre jours sur six je travaillais dans les ateliers, limant des bouts de ferraille ou rabotant des planches sous la direction d'un moniteur. C'était un travail apparemment facile et nullement ennuyeux, moins facile pourtant qu'il n'y paraissait à première vue, parce que le manque d'habitude, d'abord, et les longues heures que nous passions debout devant l'établi, ensuite, finissaient par le rendre pénible. Je ne sais comment — ou était-ce d'être demeuré trop longtemps debout? était-ce quelque inflammation causée par les échardes de métal et de bois? — mes pieds enflèrent et j'attrapai un ulcère. Je crois qu'à Kouroussa le mal eût été bénin, je crois même qu'il ne se fût seulement pas déclaré, mais ici, dans ce climat brûlant et sursaturé d'eau, ce climat auquel le corps n'avait pas eu le temps de s'adapter, l'ulcère gagna rapidement du champ, et on m'hospitalisa.

J'eus tout de suite le moral très bas. La nourriture plus que spartiate qu'on distribuait dans cet hôpital par ailleurs magnifique, n'était pas précisément faite pour beaucoup relever ce moral. Mais sitôt que mes tantes apprirent ce qui m'était arrivé, elles vinrent chaque jour m'apporter mes repas; mes oncles également me firent visite et me tinrent compagnie. Sans eux, sans elles, j'eusse été vraiment misérable, vraiment abandonné, dans cette ville dont l'esprit m'était étranger,* le climat hostile, et dont le dialecte m'échappait presque entièrement: autour de moi, on ne parlait que le soussou; et je suis Malinké, hormis le français, je ne parle que le malinké.

Et puis je trouvais stupide de demeurer couché à me tourner les pouces, à respirer l'air gluant, à transpirer jour et nuit; je trouvais plus stupide encore de n'être même pas à l'école, de souffrir cet air accablant et cette immobilité sans profit. Que faisais-je, sinon lamentablement perdre mon temps? Or, l'ulcère ne se guérissait pas! Il n'empirait pas, mais il ne s'améliorait pas non plus: il demeurait au même point...

L'année scolaire s'écoula lentement, très lentement; au vrai, elle me parut interminable, aussi interminable que les longues pluies qui frappaient, des jours durant, parfois des semaines durant, la tôle ondulée des toits; aussi interminable que ma guérison! Puis, par une bizarrerie que je n'explique pas, la fin de cette année scolaire coïncida avec mon rétablissement. Mais il n'était que temps: j'étouffais! je bouillonnais d'impatience!... Je repartis pour Kouroussa comme vers une terre promise!

10

Quand je revins à Conakry, en octobre, après les vacances, la réorganisation dont mon oncle m'avait parlé battait son plein: l'école était méconnaissable. De nouvelles salles avaient été construites, un nouveau directeur avait été nommé, et des professeurs vinrent de France. Je reçus bientôt un enseignement technique irréprochable et un enseignement général très suffisamment approfondi. Je n'avais plus rien à envier aux élèves du collège Camille Guy: je recevais en somme le même enseignement qu'eux et, de surcroît, un enseignement technique et pratique dont ils ne bénéficiaient pas. Les anciens élèves avaient disparu: le chemin de fer Conakry-Niger les avait engagés en bloc. Et ainsi tout commença, tout recommença à partir de nous, élèves de première année. Mon oncle Mamadou ne s'était pas trompé et il ne m'avait pas leurré. J'apprenais, je m'acharnais et j'eus mon nom, chaque trimestre, au tableau d'honneur. Mon oncle exultait.

C'est cette année-là, cette première année-là puisque la précédente ne comptait plus, que je nouai amitié avec Marie.

Quand il m'arrive de penser à cette amitié, et j'y pense souvent, j'y rêve souvent — j'y rêve toujours! —, il me semble qu'il n'y eut rien, dans le cours de ces années, qui la surpassât, rien, dans ces années d'exil,* qui me tint le cœur plus chaud. Et ce n'était pas, je l'ai dit, que je manquais d'affection: mes tantes, mes oncles me portèrent alors une entière affection; mais j'étais dans cet âge où le cœur n'est satisfait qu'il n'ait trouvé un objet à chérir et où il ne tolère de l'inventer qu'en l'absence de toute contrainte, hormis la sienne, plus puissante, plus impérieuse que toutes. Mais n'est-on pas toujours un peu dans cet âge, n'est-on pas toujours un peu dévoré par cette fringale? Oui, a-t-on jamais le cœur vraiment paisible?... Marie était élève de l'école primaire supérieure des jeunes filles. Son père, avant d'étudier la médecine et de s'établir à Bela, avait été le compagnon d'études de mon oncle Mamadou, et ils étaient demeurés fort liés, si bien que Marie passait tout ses dimanches dans la famille de mon oncle, retrouvant là, comme moi, la chaleur d'un foyer. Elle était métisse,* très claire de teint, presque blanche en vérité, et très belle, sûrement la plus belle des jeunes filles de l'école primaire supérieure; à mes yeux, elle était belle comme une fée! Elle était douce et avenante, et de la plus admirable égalité d'humeur. Et puis elle avait la chevelure exceptionnellement longue: ses nattes lui tombaient jusqu'aux reins.

Le dimanche, elle arrivait tôt chez mon oncle; plus tôt que moi généralement, qui flânais dans les rues. Aussitôt arrivée, elle faisait le tour de la maisonnée et saluait chacun; après quoi elle s'installait habituellement chez ma tante Awa: elle posait sa serviette, quittait son vêtement européen pour endosser la tunique guinéenne* qui laisse meilleure liberté aux mouvements, et aidait tante Awa au ménage. Mes tantes l'aimaient beaucoup, la mettaient sur le même pied que moi, mais la taquinaient volontiers à mon sujet:

— Eh bien, Marie, disaient-elles, qu'as-tu fait de ton mari?

— Je n'ai pas encore de mari, disait Marie.

— Vraiment? disait tante N'Gady. Je croyais que notre neveu était ton mari.

— Mais je n'ai pas l'âge! disait Marie.

— Et quand tu auras l'âge? reprenait tante N'Gady.

Mais Marie alors se contentait de sourire.

— Sourire n'est pas répondre, disait tante Awa. Ne peux-tu nous donner une réponse plus claire?

— Je n'ai rien répondu, tante Awa!

— C'est bien ce que je te reproche! Quand j'avais ton âge, j'étais moins secrète.

— Suis-je secrète, tante? Parle-moi de toi, quand tu avais mon âge: jolie comme tu l'es, tu ensorcelais sûrement tout le canton!

— Voyez-vous la futée! s'écriait tante Awa. Je lui parle d'elle, et elle me parle de moi! Et non contente, elle me parle de mes prétendus succès! Est-ce que toutes les filles qui fréquentent l'école primaire supérieure sont aussi rusées que toi?

Mes tantes s'étaient très tôt aperçues de notre amitié et elles y consentaient; mais ce n'est pas assez dire: elles y poussaient! Elles nous aimaient également et elles eussent voulu sans tenir compte de notre jeunesse, que nous nous fiancions, mais elles demandaient plus, infiniment plus que notre timidité ne permettait.

Quand j'arrivais de l'école, moi aussi je commençais par faire le tour de la maison, m'arrêtant un moment chez chacun pour dire bonjour et échanger quelques paroles, et m'attardant souvent chez mon oncle Mamadou, qui aimait connaître par le détail ce que j'avais appris et contrôler ce que j'avais fait. Aussi lorsque j'entrais chez tante Awa, celle-ci m'accueillait-elle invariablement par ces paroles:

— Voici que tu as encore fait attendre Mme Camara nº 3!*

Mme Camara nº 3, c'était le nom qu'elle donnait à Marie; tante Awa était Mme Camara nº 1, et tante N'Gady portait le nº 2. Je prenais la plaisanterie du meilleur côté et m'inclinais devant Marie.

— Bonjour madame Camara nº 3, disais-je.

— Bonjour, Laye, répondait-elle.

Et nous nous serrions la main. Mais tante Awa nous jugeait trop peu expansifs et elle soupirait.

— Quels lourdauds vous faites! disait-elle. Ma parole, je n'ai jamais rencontré de tels lourdauds!

Je m'esquivais sans répondre: je n'avais pas l'esprit de repartie de Marie, et tante Awa m'eût rapidement embarrassé. Je recommençais mes visites, mes cousins sur les talons ou accrochés où ça se trouvait, les plus petits dans mes bras ou sur mes épaules. Je m'asseyais finalement là où cela me chantait, dans le jardin le plus souvent, car la petite troupe qui m'entourait était alors particulièrement bruyante, et je jouais avec mes cousins, en attendant qu'on m'apportât à manger.

C'est que j'arrivais chaque fois le ventre creux, effroyablement creux, d'abord parce que j'avais naturellement bon appétit et ensuite parce que je n'avais rien mangé encore depuis le matin: un jour de sortie, c'eût été péché de toucher à la tambouille* de l'école; aussi je n'y touchais pas, jugeant qu'il suffisait amplement des six autres jours de la semaine! Mes tantes qui, ces jours-là, soignaient spécialement leur cuisine, eussent voulu que je partageasse le repas de Marie; mais le pouvais-je? Non, je ne me le serais pas permis, et je ne crois pas non plus que Marie le désirât: nous aurions certainement eu honte de manger l'un en face de l'autre. Telle était en vérité notre pudeur — incompréhensible et presque offusquante aux yeux de mes tantes, mais que Marie et moi ne mettions même pas en discussion — et tel notre respect des règles.* Nous ne commencions à penser à nous rejoindre, qu'après le repas.

C'était presque toujours chez mon oncle Sékou que nous nous installions alors: sa chambre était la plus calme de la maison, non que mon oncle Sékou se privât de parler — j'ait dit qu'il avait de prodigieux moyens d'orateur! —, mais n'étant pas marié, il sortait beaucoup; et nous demeurions seuls!

Mon oncle nous laissait son phono et ses disques, et Marie et moi dansions. Nous dansions avec infiniment de retenue, mais il va de soi: ce n'est pas la coutume chez nous de s'enlacer; on danse face à face, sans se toucher; tout au plus se donne-t-on la main, et pas toujours. Dois-je ajouter que rien ne convenait mieux à notre timidité? Il va de soi aussi. Mais eussions-nous dansé si la coutume avait été de s'enlacer? Je ne sais trop. Il me semble que nous nous fussions abstenus, et bien que nous eussions, comme tous les Africains, la danse dans le sang.*

Et puis nous ne faisions pas que danser: Marie tirait ses cahiers de son cartable et réclamait mon aide. C'était l'occasion — ma meilleure occasion, croyais-je! — de manifester mes talents, et je n'y manquais point, j'expliquais tout, je ne passais pas un détail.

— Tu vois, disais-je, tu cherches d'abord le quotient de... Marie! est-ce que tu m'écoutes?

— Je t'écoute!

— Alors retiens bien: pour commencer tu cherches...

Mais Marie écoutait peu, très peu; peut-être même n'écoutait-elle pas du tout; il suffisait qu'elle vît la solution s'inscrire sous le problème que, sans moi, elle eût renoncé à résoudre; le reste la préoccupait peu: les détails, les pourquoi, les comment, le ton pédant que sans doute je prenais, tout cela glissait sur elle; et elle demeurait les yeux vagues. A quoi pouvait-elle bien rêver? Je ne sais pas. Peut-être devrais-je dire: je ne savais pas en ce temps-là. Si j'y songe aujourd'hui, je me demande si ce n'était pas à notre amitié qu'elle rêvait; et je me trompe peut-être. Peut-être! Mais je vois bien qu'il faut ici m'expliquer.

Marie m'aimait,* et je l'aimais, mais nous ne donnions pas à notre sentiment le doux, le redoutable nom d'amour. Et peut-être n'était-ce pas non plus exactement de l'amour, bien que ce fût cela aussi. Qu'était-ce? Au juste qu'était-ce? C'était assurément une grande chose, une noble chose: une merveilleuse tendresse et un immense bonheur. Je veux dire un bonheur sans mélange, un pur bonheur, ce bonheur-là même que le désir ne trouble pas encore. Oui, le bonheur plus que l'amour peut-être, et bien que le bonheur n'aille pas sans l'amour, bien que je ne pusse tenir la main de Marie sans frémir, bien que je ne pusse sentir ses cheveux m'effleurer sans secrètement m'émouvoir. En vérité, un bonheur et une chaleur! Mais peut-être est-ce cela justement l'amour. Et certainement c'était l'amour comme des enfants le ressentent; et nous étions encore des enfants! Officiellement j'étais devenu un homme: j'étais initié; mais suffit-il? Et même suffit-il de se comporter en homme? C'est l'âge seulement qui fait l'homme, et je n'avais pas l'âge...

Marie avait-elle de notre amitié une conception autre? Je ne le pense pas. Était-elle plus avertie que je ne l'étais? Souvent les jeunes filles sont plus averties, mais je ne crois pas que Marie le fût plus que moi, et sa retenue même — notre commune retenue — me persuaderait plutôt du contraire, encore qu'autour d'elle il y eût un déchaînement de passions dont elle devait bien avoir quelque notion. Mais, au fait, en avait-elle notion? Je ne sais pas. Je ne sais plus si son attitude était consciente ou si elle était purement instinctive, mais je sais, je me souviens que Marie demeurait sourde à ce déchaînement.

C'est que je n'étais pas seul à aimer Marie, bien que je fusse seul peut-être à l'aimer avec cette innocence: au vrai, tous mes compagnons aimaient Marie! Quand las d'écouter des disques, las de danser et nos devoirs terminés, nous partions nous promener et que je prenais Marie sur le cadre de ma bicyclette, les jeunes gars de Conakry et plus spécialement mes compagnons d'école et les collégiens de Camille Guy nous regardaient passer avec des regards d'envie. Tous eussent voulu avoir Marie pour compagne de promenade, mais Marie n'avait point d'yeux pour eux, elle n'en avait que pour moi.

Je ne me le rappelle pas par vantardise, encore qu'à l'époque je fusse assez fiérot de ma chance; non, je m'en souviens avec une poignante douceur,* je m'en souviens et j'y rêve, j'y rêve avec une mélancolie inexprimable, parce qu'il y eut là un moment de ma jeunesse, un dernier et fragile moment où ma jeunesse s'embrasait d'un feu que je ne devais plus retrouver et qui, maintenant, a le charme doux-amer des choses à jamais enfuies.*

Je roulais généralement vers la corniche. Là, nous nous asseyions et regardions la mer. J'aimais regarder la mer. Quant à mon arrivée à Conakry, j'avais fait le tour de la ville et que j'avais brusquement découvert la mer, j'avais été d'emblée conquis. Cette grande plaine... Oui, peut-être cette plaine liquide me rappelait-elle une autre plaine: la grande plaine de Haute-Guinée où j'avais vécu... Je ne sais pas. Mais même à supposer que l'attrait qu'exerçait la mer sur mon esprit eût faibli depuis ma première découverte, je ne serais pas moins revenu la contempler, revenu m'asseoir sur la corniche, car Marie aussi n'aimait rien tant que de s'asseoir ici et de regarder la mer, de la regarder jusqu'à n'en pouvoir plus.

La mer est très belle, très chatoyante, quand on la regarde de la corniche: elle est glauque sur les bords, mariant le bleu du ciel au vert lustré des cocotiers et des palmiers de la côte, et frangée d'écume, frangée déjà d'irisations; au-delà elle est comme entièrement nacrée. Les îlots à cocotiers qu'on aperçoit au loin dans une lumière légèrement voilée, vaporeuse, ont une tonalité si douce, si délicate, qu'on en a l'âme comme transportée. Et puis il vient du large une brise qui, bien que faible, ne rompt pas moins la chaleur d'étuve de la ville.

— On respire! disais-je. Enfin, on respire!

— Oui, disait Marie.

— Tu vois ces îlots, là-bas? Je parie qu'on y doit mieux respirer encore que sur la corniche.

— Sûrement! disait Marie.

— Tu n'aimerais pas y aller?

— Où? disait-elle. Dans les îlots? Mais il y a la mer!

153

— Eh bien! naturellement il y a la mer.

— Mais personne ne va dans ces îlots: ce sont des îlots perdus!

— Les pêcheurs y vont. Nous prendrions une barque et une demi-heure plus tard nous aborderions.

— Une barque? disait Marie.

Et du regard elle évaluait la violence des vagues qui venaient briser contre les rochers rouges du rivage.

— Je n'aimerais pas entrer dans une barque, disait-elle. Tu ne vois pas comme la mer est forte?

Oui, la mer était forte, elle brisait fortement contre la côte. Une barque était une chose bien fragile pour l'aventurer contre cette force. Les pêcheurs n'hésitaient pas, mais nous n'étions pas des pêcheurs. Il aurait fallu comme eux connaître la manœuvre, connaître les endroits où la mer est la moins forte et comment elle se laisse apprivoiser; et je ne savais rien de la mer! Je m'étais bien aventuré sur le Niger, mais la mer avait une autre puissance. Le Niger coulait avec une force paisible; il était paisible; il ne se fâchait un peu qu'en temps de crue. La mer, elle, n'était jamais paisible: elle n'interrompait pas de se dresser avec une force rebelle.

— Nous pourrions demander à des pêcheurs de nous y conduire, disais-je.

— Pourquoi le leur demander? disait Marie. Tu n'as pas besoin d'eux pour y aller, tu n'as même pas besoin de barque: il te suffit de regarder! Si tu regardes les îlots longtemps, si tu peux en regarder un sans ciller, le regarder assez longtemps pour le voir trembler, c'est comme si tu avais abordé: tu es dans l'îlot!

— Tu crois?

— Écoute! Tu peux même entendre le passage de la brise dans les cocotiers; tu peux entendre le frémissement des cocotiers.

Mais c'était au-dessus de nous, c'était au sommet des

cocotiers plantés en bordure de la côte que la brise passait, c'étaient seulement les palmes de nos cocotiers qui frémissaient. Et l'enchantement brusquement cessait: nous éclations de rire.

De quoi parlions-nous encore? De l'école évidemment: nous échangions les derniers potins de nos écoles; peut-être aussi évoquions-nous des souvenirs, peut-être parlais-je de Kouroussa et de mes séjours à Tindican. Mais encore? Je ne sais pas, je ne sais plus. Sans doute ne nous cachions-nous rien, sauf notre amitié, sauf nos cœurs; nos cœurs qui étaient comme les îlots que nous regardions frémir au loin dans une lumière voilée: nous pouvions nous y transporter par la pensée, nous ne devions pas les aborder par la parole. Notre amitié était en nous, enfouie au plus profond de nous. Il fallait qu'elle demeurât secrète: une parole, une seule parole peut-être l'eût effarouchée; une parole aussi l'eût presque immanquablement transformée, et nous n'attendions point qu'elle se transformât: nous l'aimions telle qu'elle était. Il pourra sembler ainsi qu'il y avait tout et rien entre nous; mais non! il y avait tout, et il n'y avait pas rien: personne n'a jamais été si proche de mon cœur que Marie, personne ne vivait dans mon cœur comme Marie!

La nuit maintenant approchait, et nous rentrions. 'La fin du jour déjà?' pensais-je en pédalant. Oui, déjà ce dimanche tirait à sa fin! Le temps, durant la semaine, était comme immobile; le dimanche, il courait d'une traite du matin à la nuit; il n'arrêtait pas de courir! Il courait aussi rapidement les dimanches de pluie, quand nous demeurions enfermés au logis, que les dimanches de soleil; et le rideau de pluie, ce terrible rideau de pluie de Conakry,* si lassant, si interminable quand il s'abaissait devant les fenêtres de l'école, restait clair quand j'étais près de Marie...

Ainsi passèrent ces années. J'étais loin de mes parents, loin de Kouroussa, loin de ma grande plaine natale, et je pensais beaucoup à mes parents, je pensais souvent à

Kouroussa, je pensais à Tindican, mais je passais néanmoins chaque dimanche en famille, une famille où chacun m'aimait, où j'aimais chacun — et Marie me donnait son amitié! J'étais au loin, je n'étais pas malheureux.

A l'issue de la troisième année, je me présentai au certificat d'aptitude professionnelle. On nous avertit qu'une moyenne de six dixièmes serait exigée pour les épreuves techniques et classiques, et que les ingénieurs résidant à Conakry formeraient le jury. Puis l'école désigna les quatorze candidats qui paraissaient les plus aptes à se présenter, et je fus heureusement du nombre.

Je voulais absolument passer mon certificat. J'avais bûché ferme durant trois ans; je n'avais jamais perdu de vue la promesse que j'avais faite à mon père, et pas davantage celle que je m'étais faite à moi-même; constamment je m'étais maintenu parmi les trois premiers, et j'avais quelque raison d'espérer qu'il n'en irait pas autrement à l'examen. Néanmoins j'écrivis à ma mère afin qu'elle fît visite aux marabouts et obtînt leur aide. Dois-je en déduire que j'étais spécialement superstitieux à l'époque?* Je ne le pense pas. J'étais très simplement, j'étais tout simplement un croyant; je croyais* que rien ne s'obtient sans l'aide de Dieu, et que si la volonté de Dieu est depuis toujours déterminée, elle ne l'est point en dehors de nous-même; je veux dire: sans que nos démarches, bien que non moins prévues, n'aient, en une certaine manière, pesé sur cette volonté; et je croyais que les marabouts seraient mes intercesseurs naturels.

Mes tantes, de leur côté, firent des sacrifices et offrirent des noix de kola aux diverses personnes que leur désignèrent les marabouts consultés. Je les vis fort anxieuses de mon sort; je ne crois pas qu'elles le furent moins que ma mère même. Marie l'était davantage encore si possible: elle était assez indifférente à ses propres études, mais je ne sais vraiment à quelles extrémités elle se fût portée si, dans le journal officiel de la Guinée, elle n'eût point vu figurer mon nom parmi les candidats admis. J'appris par mes tantes qu'elle aussi avait fait visite aux marabouts, et je crois bien que cela me toucha plus que tout.

Enfin l'examen vint! Il dura trois jours; trois jours d'angoisse. Mais il faut croire que les marabouts me furent de bonne aide: je fus reçu premier sur les sept candidats admis.

II

Chaque fois que je revenais passer mes vacances à Kouroussa, je trouvais ma case fraîchement repeinte à l'argile blanche, et ma mère impatiente de me faire admirer les améliorations que d'année en année elle y apportait. Au début, ma case avait été une case comme toutes les autres. Et puis, petit à petit, elle avait revêtu un aspect qui la rapprochait de l'Europe.* Je dis bien 'qui la rapprochait' et je vois bien que ce rapprochement demeurait lointain, mais je n'y étais pas moins sensible, et non pas tellement pour le supplément de confort que j'y trouvais, que pour la preuve immédiate, immédiatement tangible, de l'immense amour que ma mère me portait. Oui, je passais à Conakry la majeure partie de l'année, mais je ne demeurais pas moins son préféré : je le voyais ; et je n'avais pas besoin de le voir : je le savais ! Mais je le voyais de surcroît.

— Eh bien, qu'en dis-tu ? disait ma mère.

— C'est magnifique ! disais-je.

Et je l'étreignais fortement ; ma mère n'en demandait pas plus. Mais de fait c'était magnifique, et je me doutais bien de l'ingéniosité que ma mère avait dépensée, de la peine qu'elle s'était donnée, pour inventer — en partant des matériaux les plus simples — ces modestes équivalents des habiletés mécaniques de l'Europe.

La pièce principale, celle qui d'emblée tirait l'œil, c'était le divan-lit. D'abord, cela avait été, comme pour la case, un lit pareil à tous les lits de la Haute-Guinée : un lit maçonné, fait de briques séchées. Puis les briques du milieu avaient disparu, ne laissant subsister que deux supports, un à la tête et un au pied ; et un assemblage de planches avait remplacé les briques enlevées. Sur ce châlit improvisé, mais qui ne manquait pas d'élasticité, ma mère avait finalement posé un matelas rembourré de paille de riz. Tel quel, c'était à présent un lit confortable et assez vaste pour qu'on s'y étendît à trois, sinon à quatre.

Mais quelque vaste qu'il fût, à peine mon divan-lit suffisait-il à recevoir tous les amis, les innombrables amis et aussi les innombrables amies qui, à la soirée ou certains soirs tout au moins, me faisaient visite. Le divan étant le seul siège que je pouvais offrir, on s'y entassait comme on pouvait, chacun se creusant sa place, et les derniers arrivés s'insérant dans les dernières failles. Je ne me souviens plus comment, ainsi encaqués, nous trouvions malgré tout le moyen de gratter de la guitare, ni comment nos amies gonflaient leurs poumons pour chanter, mais le fait est que nous jouions de la guitare et que nous chantions, et qu'on pouvait nous entendre de loin.

Je ne sais si ma mère goûtait beaucoup ces réunions; je croirais plutôt qu'elle les goûtait peu, mais qu'elle les tolérait, se disant qu'à ce prix tout au moins je ne quittais pas la concession pour courir Dieu sait où. Mon père, lui, trouvait nos réunions fort naturelles. Comme je ne le voyais guère dans la journée, occupé que j'étais à aller chez l'un, à aller chez l'autre, quand je n'étais pas au loin en excursion, il venait frapper à ma porte. Je criais: 'Entrez!' et il entrait, disait bonsoir à chacun et me demandait comment j'avais passé la journée. Il disait quelques mots encore, puis se retirait. Il comprenait que si sa présence nous était agréable — et elle l'était réellement —, elle était en même temps fort intimidante pour une assemblée aussi jeune, aussi turbulente que la nôtre.

Il n'en allait pas du tout de même pour ma mère. Sa case était proche de la mienne, et les portes se regardaient; ma mère n'avait qu'un pas à faire et elle était chez moi; ce pas, elle le faisait sans donner l'éveil et, parvenue à ma porte, elle ne frappait pas: elle entrait! Brusquement elle était devant nous, sans qu'on eût seulement entendu grincer la porte, à examiner chacun avant de saluer personne. Oh! ce n'étaient pas les visages de mes amis qui retenaient son regard: les amis, cela me regardait; c'était sans importance. Non, c'étaient uniquement mes amies que ma mère dévisageait, et elle avait tôt fait de repérer les visages qui ne lui plaisaient pas! J'avoue que, dans le nombre, il y avait parfois des jeunes filles aux allures un peu libres, à la réputation un peu entamée. Mais pouvais-je les renvoyer? Et puis le désirais-je? Si elles étaient un peu plus délurées qu'il n'était nécessaire, elles étaient généralement les plus divertissantes. Mais ma mère en jugeait autrement et elle n'y allait pas par quatre chemins:

— Toi, disait-elle, que fais-tu ici? Ta place n'est pas chez mon fils. Rentre chez toi! Si je t'aperçois encore, j'en toucherai un mot à ta mère. Te voilà avertie!

Si alors la jeune fille ne déguerpissait pas assez vite à son gré — ou si elle n'arrivait pas à se dégager assez vite de l'entassement du divan —, ma mère la soulevait par le bras et lui ouvrait la porte.

— Va! disait-elle; va! Rentre chez toi!

Et avec les mains elle faisait le simulacre de disperser une volaille trop audacieuse. Après quoi seulement, elle disait bonsoir à chacun.

Je n'aimais pas beaucoup cela, je ne l'aimais même pas du tout: le bruit de ces algarades se répandait; et quand j'invitais une amie à me faire visite, je recevais trop souvent pour réponse:

— Et si ta mère m'aperçoit?

— Eh bien, elle ne te mangera pas!

— Non, mais elle se mettra à crier et elle me mettra à la porte!

Et j'étais là, devant la jeune fille, à me demander: 'Est-il vrai que ma mère la mettrait à la porte? Y a-t-il des motifs pour qu'elle la mette vraiment à la porte?' Et je ne savais pas toujours: je vivais à Conakry la plus grande partie de l'année et je ne savais pas dans le détail ce qui défrayait la chronique de Kouroussa. Je ne pouvais pourtant pas dire à la jeune fille: 'As-tu eu des aventures qui ont fait du bruit? Et si tu en as eu, crois-tu que la rumeur en soit parvenue à ma mère?' Et je m'irritais.

J'avais le sang plus chaud, avec l'âge, et je n'avais pas que des amitiés — ou des amours — timides; je n'avais pas que Marie ou que Fanta, encore que j'eusse d'abord Marie et d'abord Fanta. Mais Marie était en vacances à Béla, chez son père; et Fanta était mon amie en titre: je la respectais; et quand bien même j'eusse voulu passer outre, et je ne le voulais pas, l'usage m'eût ordonné de la respecter. Le reste... Le reste était sans lendemain, mais ce reste néanmoins existait. Est-ce que ma mère ne pouvait pas comprendre que j'avais le sang plus chaud?

Mais elle ne le comprenait que trop! Souvent elle se relevait en pleine nuit et venait s'assurer que j'étais bien seul. Elle faisait généralement sa ronde vers minuit; elle frottait une allumette et elle éclairait mon divan-lit. Quand il m'arrivait d'être encore éveillé, je feignais de dormir; puis, comme si la lueur de l'allumette m'eût gêné, je simulais une sorte de réveil en sursaut.

— Qu'est-ce qui se passe? disais-je.

— Tu dors? demandait ma mère.

— Oui, je dormais. Pourquoi me réveilles-tu?

— Bon! rendors-toi!

— Mais comment veux-tu que je dorme si tu viens m'éveiller?

— Ne t'énerve pas, disait-elle; dors!

Mais d'être tenu si court ne m'allait que tout juste, et je m'en plaignais à Kouyaté et à Check Omar, qui étaient alors mes confidents.

— Ne suis-je pas assez grand garçon? disais-je. On m'a jugé assez grand garçon pour m'attribuer une case personnelle, mais en quoi une case est-elle encore personnelle si l'on doit y entrer librement de jour et de nuit ?

— C'est le signe que ta mère t'aime bien, disaient-ils. Tu ne vas pas te plaindre parce que ta mère t'aime bien ?

— Non, disais-je.

Mais je pensais que cette affection aurait pu être moins exclusive et moins tyrannique, et je voyais bien que Check et Kouyaté avaient plus de liberté qu'on ne m'en laissait.

— Ne réfléchis pas tant, disait Kouyaté. Prends ta guitare !

J'allais décrocher ma guitare — Kouyaté m'avait appris à en jouer — et, le soir, au lieu de demeurer dans ma case, nous partions nous promener par les rues de la ville, grattant, Kouyaté et moi, de la guitare, Check du banjo, et chantant tous trois. Les jeunes filles, souvent déjà couchées à l'heure où nous passions devant leur concession, se réveillaient et tendaient l'oreille. Celles qui étaient de nos amies, nous reconnaissaient à nos voix ; et elles se levaient, elles s'habillaient prestement, puis accouraient nous rejoindre. Partis à trois, nous étions bientôt six et dix, et parfois quinze à réveiller les échos des rues endormies.

Kouyaté et Check avaient été mes condisciples à l'école primaire de Kouroussa. Ils étaient, l'un et l'autre, d'esprit prompt et curieusement doués pour les mathématiques. Je les revois encore, alors que notre maître achevait à peine de nous dicter un problème, se lever tous les deux et aller remettre leur copie. Cette surprenante rapidité nous émerveillait tous et aussi nous décourageait un peu, me décourageait peut-être particulièrement, bien que j'eusse ma revanche en français. Dès ce temps-là néanmoins — ou à cause de cette émulation — il y avait eu de l'amitié entre nous, mais une amitié comme peuvent en concevoir de tout jeunes écoliers : pas toujours très stable et sans beaucoup d'avenir.

Notre grande amitié n'avait vraiment commencé qu'à l'époque où j'étais parti pour Conakry, et où, de leur côté,

Kouyaté et Check étaient allés poursuivre leurs études, l'un à l'École normale de Popodra, l'autre à l'École normale de Dakar. Nous avions alors échangé de nombreuses et longues lettres, où nous décrivions notre vie de collégien et comparions les matières qu'on nous enseignait. Puis, le temps des vacances venu, nous nous étions retrouvés à Kouroussa et nous étions très vite devenus inséparables.

Cette amitié, nos parents ne l'avaient pas d'abord regardée d'un trop bon œil : ou bien nous disparaissions des journées entières, négligeant l'heure des repas et les repas eux-mêmes, ou bien nous ne quittions pas la concession, si bien qu'à l'heure du repas surgissaient deux invités sur lesquels on ne comptait pas. Il y avait là assurément un peu de sans-gêne. Mais ce mécontentement avait été de courte durée : nos parents eurent tôt fait de s'apercevoir que si nous disparaissions deux jours sur trois, les invités, eux, n'apparaissaient que tous les trois jours ; et ils avaient compris le très équitable et très judicieux roulement que nous avions établi sans les consulter.

— Et tu n'aurais pas pu m'en parler ? m'avait dit ma mère. Tu n'aurais pas pu m'avertir pour que je soigne plus particulièrement la cuisine, ce jour-là ?

— Non, avais-je répondu. Notre désir précisément était qu'on ne se mît pas spécialement en frais pour nous : nous voulions manger le plat quotidien.

Lorsque aux grandes vacances qui se placèrent à l'issue de la troisième année scolaire de Kouyaté et de Check — et à la fin de ma deuxième année, puisque j'avais perdu un an à l'hôpital —, je retrouvai mes deux amis, ils avaient conquis leur brevet d'instituteur et attendaient leur nomination à un poste. Si leur réussite ne me surprit pas, si elle répondait à ce que j'étais en droit d'attendre d'eux, elle ne me fit pas moins un immense plaisir, et je les félicitai chaleureusement. Quand je leur demandai des nouvelles de leur santé, Check me répondit qu'il était fatigué.

— J'ai beaucoup travaillé, me dit-il, et à présent je m'en ressens: je suis surmené.

Mais n'était-il que surmené? Il avait mauvais teint et il avait les traits tirés. A quelques jours de là, je profitai d'un moment où j'étais seul avec Kouyaté pour lui demander s'il croyait à un simple surmenage.

— Non, me dit Kouyaté, Check est malade. Il est sans appétit et il maigrit, et malgré cela son ventre enfle.

— Ne devrions-nous pas l'avertir?

— Je ne sais pas, dit Kouyaté. Je crois qu'il s'en est lui-même aperçu.

— Ne fait-il rien pour se guérir?

— Je ne crois pas. Il ne souffre pas et il se dit sans doute que cela passera.

— Et si cela s'aggravait?

Nous ne savions comment faire; nous ne voulions pas inquiéter Check et pourtant nous sentions bien qu'il fallait faire quelque chose.

— Je vais en parler à ma mère, dis-je.

Mais quand je lui en parlai, elle m'arrêta au premier mot:

— Check Omar est vraiment malade, dit-elle. Voici plusieurs jours que je l'observe. Je crois bien que je vais alerter sa mère.

— Oui, vas-y, dis-je, car il ne fait rien pour se soigner.

La mère de Check fit ce qu'on a toujours fait en la circonstance: elle consulta des guérisseurs.* Ceux-ci ordonnèrent des massages et des tisanes. Mais ces remèdes n'agirent guère: le ventre continua d'enfler, et le teint demeura gris. Check, lui, ne s'alarmait pas:

— Je ne souffre pas, disait-il. Je n'ai pas grand appétit, mais je ne ressens aucune douleur. Cela partira sans doute comme c'est venu.

Je ne sais si Check avait grande confiance dans les guérisseurs, je croirais plutôt qu'il en avait peu: nous avions maintenant passé trop d'années à l'école,* pour avoir encore en eux une confiance excessive. Pourtant tous nos guérisseurs ne sont pas de simples charlatans: beaucoup détiennent des secrets et guérissent réellement; et cela, Check certainement ne l'ignorait pas. Mais il avait aussi dû se rendre compte que cette fois, leurs remèdes n'agissaient pas, et c'est pourquoi il avait dit: 'Cela partira sans doute comme c'est venu', comptant plus sur le temps que sur les tisanes et les massages. Ses paroles nous rassurèrent quelques jours, puis elles cessèrent brutalement de nous rassurer, car Check commença réellement à souffrir: il avait des crises à présent et il pleurait de mal.

— Écoute! lui dit Kouyaté. Les guérisseurs ne t'ont été d'aucune aide; viens avec nous au dispensaire!

Nous y allâmes. Le médecin ausculta Check et l'hospitalisa. Il ne dit pas de quel mal il souffrait, mais nous savions maintenant que c'était un mal sérieux, et Check aussi le savait. Est-ce que le médecin blanc réussirait là où nos guérisseurs avaient échoué? Le mal ne se laisse pas toujours vaincre; et nous étions remplis d'angoisse. Nous nous relayions au chevet de Check et nous regardions notre malheureux ami se tordre sur le lit; son ventre, ballonné et dur, était glacé comme une chose déjà morte. Quand les crises augmentaient, nous courions, affolés, chez le médecin: 'Venez, docteur!... Venez vite!...' Mais aucun médicament n'opérait; et nous, nous pouvions tout juste prendre les mains de Check et les serrer, les serrer fortement pour qu'il se sentît moins seul en face de son mal, et dire: 'Allons! Check... Allons!... Prends courage! Cela va passer...'

Nous sommes demeurés au chevet de Check toute la semaine, sa mère, ses frères, ma mère et celle de Kouyaté. Puis, sur la fin de la semaine, Check a brusquement cessé de souffrir, et nous avons dit aux autres d'aller se reposer: Check, à présent, dormait calmement, et il ne fallait pas risquer de l'éveiller. Nous l'avons regardé dormir, et un grand espoir naissait en nous: sa figure était si amaigrie qu'on voyait toute l'ossature se dessiner, mais ses traits n'étaient plus crispés, et il semblait que ses lèvres souriaient. Puis, petit à petit, la douleur est revenue, les lèvres ont cessé de sourire, et Check s'est réveillé. Il a commencé de nous dicter ses dernières volontés, il a dit comment nous devions partager ses livres et à qui nous devions donner son banjo. Sa parole maintenant allait en s'éteignant, et nous ne saississions pas toujours la fin des mots. Puis il nous a encore dit adieu. Quand il s'est tu, il n'était plus loin de minuit. Alors, comme l'horloge du dispensaire terminait de sonner les douze coups, il est mort...

Il me semble revivre ces jours et ces nuits, et je crois n'en avoir pas connu de plus misérables. J'errais ici, j'errais là; nous errions, Kouyaté et moi, comme absents, l'esprit tout occupé de Check. Tant et tant de jours heureux... et puis tout qui s'achevait! 'Check!...' pensais-je, pensions-nous, et nous devions nous contraindre pour ne pas crier son nom à voix haute. Mais son ombre, son ombre seule, nous accompagnait... Et quand nous parvenions à le voir d'une manière un peu plus précise — et nous ne devions pas le voir non plus d'une manière trop précise —, c'était au centre de sa concession, étendu sur un brancard, étendu sous son linceul, prêt à être porté en terre; ou c'était en terre même, au fond de la fosse, allongé et la tête un peu surélevée, attendant qu'on posât le couvercle de planches, puis les feuilles, le grand amoncellement de feuilles, et la terre enfin, la terre si lourde...

'Check!... Check...!' Mais je ne devais pas l'appeler à voix haute: on ne doit pas appeler les morts à voix haute!*
Et puis, la nuit, c'était malgré tout comme si je l'eusse appelé à voix haute: brusquement, il était devant moi! Et je me réveillais, le corps inondé de sueur; je prenais peur, Kouyaté prenait peur, car si nous aimions l'ombre de Check, si son ombre était tout ce qui nous demeurait, nous la

redoutions presque autant que nous l'aimions, et nous n'osions plus dormir seuls, nous n'osions plus affronter nos rêves seuls...

Quand je songe aujourd'hui à ces jours lointains, je ne sais plus très bien ce qui m'effrayait tant, mais c'est sans doute que je ne pense plus à la mort comme j'y pensais alors: je pense plus simplement. Je songe à ces jours, et très simplement je pense que Check nous a précédé sur le chemin de Dieu, et que nous prenons tous un jour ce chemin qui n'est pas plus effrayant que l'autre, qui certainement est moins effrayant que l'autre... L'autre?... L'autre, oui: le chemin de la vie, celui que nous abordons en naissant, et qui n'est jamais que le chemin momentané de notre exil...

12

L'année où je regagnai Kouroussa, mon certificat d'aptitude professionnelle dans ma poche et, j'en fais l'aveu, un peu bien gonflé de mon succès, je fus évidemment reçu à bras ouverts ; reçu comme je l'étais à chaque fin d'année scolaire à vrai dire : avec les mêmes transports, la même chaleureuse affection ; s'il s'y ajoutait, cette année-ci, une fierté absente des précédentes et si, sur le parcours de la gare à notre concession, les marques d'accueil avaient été plus enthousiastes, ce n'était pas moins le même amour, la même amitié qui dictait tout. Mais tandis que mes parents me pressaient sur leur cœur, tandis que ma mère se réjouissait peut-être plus de mon retour que du diplôme conquis, je n'avais pas trop bonne conscience, et spécialement vis-à-vis de ma mère.

C'est qu'avant mon départ de Conakry, le directeur de l'école m'avait fait appeler et m'avait demandé si je voulais aller en France pour y achever mes études. J'avais répondu oui d'emblée — tout content, j'avais répondu oui ! — mais je l'avais dit sans consulter mes parents, sans consulter ma mère. Mes oncles, à Conakry, m'avaient dit que c'était une chance unique et que je n'eusse pas mérité de respirer si je ne l'avais aussitôt acceptée. Mais qu'allaient dire mes parents, et ma mère plus particulièrement ? Je ne me sentais aucunement rassuré. J'attendis que nos effusions se fussent un peu calmées, et puis je m'écriai, — je m'écriai comme si la nouvelle devait ravir tout le monde :

— Et ce n'est pas tout : le directeur se propose de m'envoyer en France !

— En France ? dit ma mère.

Et je vis son visage se fermer.

— Oui. Une bourse me sera attribuée; il n'y aura aucun frais pour vous.

— Il s'agit bien de frais! dit ma mère. Quoi! tu nous quitterais encore?

— Mais je ne sais pas, dis-je.

Et je vis bien — et déjà je me doutais bien — que je m'étais fort avancé, fort imprudemment avancé en répondant 'oui' au directeur.

— Tu ne partiras pas! dit ma mère.

— Non, dis-je. Mais ce ne serait pas pour plus d'une année.

— Une année? dit mon père. Une année ce n'est pas tellement long.

— Comment? dit vivement ma mère. Une année, ce n'est pas long? Voilà quatre ans que notre fils n'est plus jamais près de nous, sauf pour les vacances, et toi, tu trouves qu'une année ce n'est pas long?

— Eh bien... commença mon père.

— Non! non! dit ma mère. Notre fils ne partira pas! Qu'il n'en soit plus question!

— Bon, dit mon père; n'en parlons plus. Aussi bien cette journée est-elle la journée de son retour et de son succès: réjouissons-nous! On parlera de tout cela plus tard.

Nous n'en dîmes pas davantage, car les gens commençaient d'affluer dans la concession, pressés de me fêter.

Tard dans la soirée, quand tout le monde fut couché, j'allai rejoindre mon père sous la véranda de sa case: le directeur m'avait dit qu'il lui fallait, avant de faire aucune démarche, le consentement officiel de mon père et que ce consentement devrait lui parvenir dans le plus bref délai.

— Père, dis-je, quand le directeur m'a proposé de partir en France, j'ai dit oui.

— Ah! tu avais déjà accepté?

— J'ai répondu oui spontanément. Je n'ai pas réfléchi, à ce moment, à ce que mère et toi en penseriez.

— Tu as donc bien envie d'aller là-bas ? dit-il.

— Oui, dis-je. Mon oncle Mamadou m'a dit que c'était une chance unique.

— Tu aurais pu aller à Dakar; ton oncle Mamadou est allé à Dakar.

— Ce ne serait pas la même chose.

— Non, ce ne serait pas la même chose... Mais comment annoncer cela à ta mère ?

— Alors tu acceptes que je parte ? m'écriai-je.

— Oui... oui, j'accepte. Pour toi, j'accepte. Mais tu m'entends : pour toi, pour ton bien !

Et il se tut un moment.

— Vois-tu, reprit-il, c'est une chose à laquelle j'ai souvent pensé.* J'y ai pensé dans le calme de la nuit et dans le bruit de l'enclume. Je savais bien qu'un jour tu nous quitterais : le jour où tu as pour la première fois mis le pied à l'école, je le savais. Je t'ai vu étudier avec tant de plaisir, tant de passion... Oui, depuis ce jour-là, je sais; et petit à petit, je me suis résigné.

— Père ! dis-je.

— Chacun suit son destin, mon petit; les hommes n'y peuvent rien changer.* Tes oncles aussi ont étudié. Moi — mais je te l'ai déjà dit : je te l'ai dit, si tu te souviens quand tu es parti pour Conakry — moi, je n'ai pas eu leur chance et moins encore la tienne... Mais maintenant que cette chance est devant toi, je veux que tu la saisisses; tu as su saisir la précédente, saisis celle-ci aussi, saisis-la bien ! Il reste dans notre pays tant de choses à faire... Oui, je veux que tu ailles en France; je le veux aujourd'hui autant que toi-même : on aura besoin ici sous peu d'hommes comme toi...* Puisses-tu ne pas nous quitter pour trop longtemps !...

Nous demeurâmes un long bout de temps sous la véranda, sans mot dire et à regarder la nuit; et puis soudain mon père dit d'une voix cassée :

— Promets-moi qu'un jour tu reviendras?

— Je reviendrai! dis-je.

— Ces pays lointains... dit-il lentement.

Il laissa sa phrase inachevée; il continuait de regarder la nuit. Je le voyais, à la lueur de la lampe-tempête, regarder comme un point dans la nuit, et il fronçait les sourcils comme s'il était mécontent ou inquiet de ce qu'il y découvrait.

— Que regardes-tu? dis-je.

— Garde-toi de jamais tromper personne, dit-il; sois droit dans ta pensée et dans tes actes; et Dieu demeurera avec toi.

Puis il eut comme un geste de découragement et il cessa de regarder la nuit.

Le lendemain, j'écrivis au directeur que mon père acceptait. Et je tins la chose secrète pour tous, je n'en fis la confidence qu'à Kouyaté. Puis je voyageai dans la région. J'avais reçu un libre-parcours et je prenais le train aussi souvent que je voulais. Je visitai les villes proches; j'allai à Kankan qui est notre ville sainte. Quand je revins, mon père me montra la lettre que le directeur du collège technique lui avait envoyée. Le directeur confirmait mon départ et désignait l'école de France où j'entrerais; l'école était à Argenteuil.

— Tu sais où se trouve Argenteuil? dit mon père.

— Non, dis-je, mais je vais voir.

J'allai chercher mon dictionnaire et je vis qu'Argenteuil n'était qu'à quelques kilomètres de Paris.

— C'est à côté de Paris, dis-je.

Et je me mis à rêver à Paris: il y avait tant d'années qu'on me parlait de Paris! Puis ma pensée revint brusquement à ma mère.

— Est-ce que ma mère sait déjà? dis-je.

— Non, dit-il. Nous irons ensemble le lui annoncer.

— Tu ne voudrais pas le lui dire seul?

— Seul? Non, petit. Nous ne serons pas trop de deux!
Tu peux m'en croire.

Et nous fûmes trouver ma mère. Elle broyait le mil pour
le repas du soir. Mon père demeura un long moment à
regarder le pilon tomber dans le mortier:* il ne savait trop
par où commencer; il savait que la décision qu'il apportait
ferait de la peine à ma mère, et il avait, lui-même, le cœur
lourd; et il était là à regarder le pilon sans rien dire; et moi
je n'osais pas lever les yeux. Mais ma mère ne fut pas
longue à pressentir la nouvelle: elle n'eut qu'à nous regarder
et elle comprit tout ou presque tout.

— Que me voulez-vous? dit-elle. Vous voyez bien que je
suis occupée!

Et elle accéléra la cadence du pilon.

— Ne va pas si vite, dit mon père. Tu te fatigues.

— Tu ne vas pas m'apprendre à piler le mil? dit-elle.

Et puis soudain elle reprit avec force:

— Si c'est pour le départ du petit en France, inutile de
m'en parler, c'est non!

— Justement, dit mon père. Tu parles sans savoir: tu ne
sais pas ce qu'un tel départ représente pour lui.

— Je n'ai pas envie de le savoir! dit-elle.

Et brusquement elle lâcha le pilon et fit un pas vers
nous.

— N'aurai-je donc jamais la paix? dit-elle. Hier, c'était
une école à Conakry; aujourd'hui, c'est une école en France;
demain... Mais que sera-ce demain? C'est chaque jour
une lubie nouvelle pour me priver de mon fils!... Ne te
rappelles-tu déjà plus comme le petit a été malade à Conakry? Mais toi, cela ne te suffit pas: il faut à présent que tu
l'envoies en France! Es-tu fou? Ou veux-tu me faire
devenir folle? Mais sûrement je finirai par devenir folle!...
Et toi, dit-elle en s'adressant à moi, tu n'es qu'un ingrat!
Tous les prétextes te sont bons pour fuir ta mère! Seulement, cette fois, cela ne va plus se passer comme tu l'ima-

gines: tu resteras ici! Ta place est ici!... Mais à quoi pensent-ils dans ton école? Est-ce qu'ils se figurent que je vais vivre ma vie entière loin de mon fils?* Mourir loin de mon fils? Ils n'ont donc pas de mère, ces gens-là? Mais naturellement ils n'en ont pas: ils ne seraient pas partis si loin de chez eux s'ils en avaient une!

Et elle tourna le regard vers le ciel, elle s'adressa au ciel:

— Tant d'années déjà, il y a tant d'années déjà qu'ils me l'ont pris! dit-elle. Et voici maintenant qu'ils veulent l'emmener chez eux!...*

Et puis elle baissa le regard, de nouveau elle regarda mon père:

— Qui permettrait cela? Tu n'as donc pas de cœur?

— Femme! femme! dit mon père. Ne sais-tu pas que c'est pour son bien?

— Son bien? Son bien est de rester près de moi! N'est-il pas assez savant comme il est?

— Mère... commençai-je.

Mais elle m'interrompit violemment:

— Toi, tais-toi! Tu n'es encore qu'un gamin de rien du tout! Que veux-tu aller faire si loin? Sais-tu seulement comment on vit là-bas?... Non, tu n'en sais rien! Et, dis-moi, qui prendra soin de toi? Qui réparera tes vêtements? Qui te préparera tes repas?

— Voyons, dit mon père, sois raisonnable: les Blancs ne meurent pas de faim!

— Alors tu ne vois pas, pauvre insensé, tu n'as pas encore observé qu'ils ne mangent pas comme nous? Cet enfant tombera malade; voilà ce qui arrivera! Et moi alors, que ferai-je? Que deviendrai-je? Ah! j'avais un fils, et voici que je n'ai plus de fils!

Je m'approchai d'elle, je la serrai contre moi.

— Éloigne-toi! cria-t-elle. Tu n'es plus mon fils!

Mais elle ne me repoussait pas: elle pleurait et elle me serrait étroitement contre elle.

173

— Tu ne vas pas m'abandonner, n'est-ce pas? Dis-moi
que tu ne m'abandonneras pas?

Mais à présent elle savait que je partirais et qu'elle ne
pourrait pas empêcher mon départ, que rien ne pourrait
l'empêcher; sans doute l'avait-elle compris dès que nous
étions venus à elle: oui, elle avait dû voir cet engrenage*
qui, de l'école de Kouroussa, conduisait à Conakry et
aboutissait à la France; et durant tout le temps qu'elle avait
parlé et qu'elle avait lutté, elle avait dû regarder tourner
l'engrenage: cette roue-ci et cette roue-là d'abord, et puis
cette troisième, et puis d'autres roues encore, beaucoup
d'autres roues peut-être que personne ne voyait. Et qu'eût-
on fait pour empêcher cet engrenage de tourner? On ne
pouvait que le regarder tourner, regarder le destin tourner:
mon destin était que je parte!* Et elle dirigea sa colère —
mais déjà ce n'était plus que des lambeaux de colère —
contre ceux qui, dans son esprit, m'enlevaient à elle une
fois de plus:

— Ce sont des gens que rien jamais ne satisfait,* dit-elle.
Ils veulent tout! Ils ne peuvent pas voir une chose sans la
vouloir.

— Tu ne dois pas les maudire,* dis-je.

— Non, dit-elle amèrement, je ne les maudirai pas.

Et elle se trouva enfin à bout de colère; elle renversa la
tête contre mon épaule et elle sanglota bruyamment. Mon
père s'était retiré. Et moi, je serrais ma mère contre moi,
j'essuyais ses larmes, je disais... que disais-je? Tout et
n'importe quoi, mais c'était sans importance: je ne crois pas
que ma mère comprît rien de ce que je disais; le son seul de
ma voix lui parvenait, et il suffisait: ses sanglots petit à petit
s'apaisaient, s'espaçaient...

C'est ainsi que se décida mon voyage, c'est ainsi qu'un
jour de pris l'avion pour la France. Oh! ce fut un affreux
déchirement! Je n'aime pas m'en souvenir. J'entends
encore ma mère se lamenter, je vois mon père qui ne peut

retenir ses larmes, je vois mes sœurs, mes frères... Non, je n'aime pas me rappeler ce que fut ce départ: je me trouvai comme arraché à moi-même!*

A Conakry, le directeur de l'école m'avertit que l'avion me déposerait à Orly.

— D'Orly, dit-il, on vous conduira à Paris, à la gare des Invalides; là, vous prendrez le métro jusqu'à la gare Saint-Lazare, où vous trouverez votre train pour Argenteuil.

Il déplia devant moi un plan du métro et me montra le chemin que j'aurais à faire sous terre. Mais je ne comprenais rien à ce plan, et l'idée même de métro me demeurait obscure.

— Est-ce bien compris? me demanda le directeur.

— Oui, dis-je.

Et je ne comprenais toujours pas.

— Emportez le plan avec vous.

Je le glissai dans ma poche. Le directeur m'observa un moment.

— Vous n'avez rien de trop sur vous, dit-il.

Je portais des culottes de toile blanche et une chemisette à col ouvert, qui me laissait les bras nus; aux pieds, j'avais des chaussures découvertes et des chaussettes blanches.

— Il faudra vous vêtir plus chaudement là-bas: en cette saison, les journées sont déjà froides.

Je partis pour l'aéroport avec Marie et mes oncles; Marie qui m'accompagnerait jusqu'à Dakar où elle allait poursuivre ses études. Marie! Je montai avec elle dans l'avion et je pleurais, nous pleurions tous. Puis l'hélice se mit à tourner, au loin mes oncles agitèrent la main une dernière fois, et la terre de Guinée commença à fuir, à fuir...

— Tu es content de partir? me demanda Marie, quand l'avion ne fut plus loin de Dakar.

— Je ne sais pas, dis-je. Je ne crois pas.*

Et quand l'avion se posa à Dakar, Marie me dit:

— Tu reviendras?

Elle avait le visage baigné de larmes.

— Oui, dis-je; oui...

Et je fis encore oui de la tête, quand je me renfonçai dans mon fauteuil, tout au fond du fauteuil, parce que je ne voulais pas qu'on vît mes larmes. 'Sûrement, je reviendrais!' Je demeurai longtemps sans bouger, les bras croisés, étroitement croisés pour mieux comprimer ma poitrine...

Plus tard, je sentis une épaisseur sous ma main: le plan du métro gonflait ma poche.

NOTES

Page numbers are given on the left

OPENING VERSES

24 *Dâman* His mother's family name.
grand fleuve The river Niger.

CHAPTER I

Early childhood – parents – the snake – the dilemma foreseen

25 *la case* Native hut—a detailed description of his father's hut is given on page 26.
notre concession Compound belonging to the family.

26 *la case personnelle de mon père* Description of typical African hut made of beaten earth, round, with a thatched roof.
boubous Long white garments worn by Muslims.
peaux de prière Muslim prayer mats made from skins.
cauris Cowrie shells, widely used for decoration.
gris-gris Magic potions used to ward off disease and evil spells.
j'ai quitté mon père trop tôt Laye regrets that he will never know the magic powers of the 'gris-gris', in this simple statement.

27 *chef d'une innombrable famille* The African family extends to include all the persons living in the compound and in any way connected with it.
mon père donnait facilement See following note.

28 *il était d'une extrême sobriété* Outstanding characteristics of his father.
le feu à la clôture The danger of fire spreading through the thatched roofs is very widespread in Africa.

29 *elle s'acharnait...* Most Africans regard all snakes as dangerous and kill them immediately.
le génie de ton père Most people, craftsmen, families and tribes, had a familiar spirit, usually in the shape of an animal, with whom they had some mysterious affinity. In the case of Laye's father, the snake acted as a sort of messenger between the spirits of the earth and the goldsmith; cf. p. 31, where his father tells him, 'Ce serpent est le génie de notre race'.
Bien que le merveilleux me fût familier The child had naturally grown up in an atmosphere of belief in the supernatural. This

is 'le mystère' which Laye takes as one basis of African civilisation.

29 *qu'était-ce qu'un génie?* Like all African children, Laye was aware of the existence of good and evil spirits but was unable to explain them.

30 *à mon âge* Children are not usually admitted to the secrets of the mysteries until after initiation.

31 *Je le tenais pour un serpent comme les autres et je dus me contenir pour ne pas le tuer* The first appearance of the snake as described by Laye's father and later his observations on the relationship between his father and the snake, can be compared with the ideas expressed in D. H. Lawrence's poem *The Snake.* Lawrence has the same impression that the snake is a messenger from the secret powers of the underworld and it inspires in him the same mixture of fear and awe.

And truly I was afraid, I was most afraid,
But even so, honoured still more
That he should seek my hospitality
From out the dark door of the secret earth.

Unlike Laye's father, Lawrence, the modern educated man, rejects the snake and throws a log at it.

And immediately I regretted it.
I thought how paltry, how vulgar, what a mean act!

....

For he seemed to me again like a king,
Like a king in exile, uncrowned in the underworld,
Now due to be crowned again.

And so I missed my chance with one of the Lords of Life.

32 *Tu vois bien...* This speech illustrates his father's humility and at the same time shows his importance in the district.
des cinq cantons du cercle The 'cercle' is an administrative division; the 'canton' a subdivision or district.
tout cela, je le dois au serpent Expresses his father's firm belief in the powers of the spirit — the doctrine of 'animism'.

33 *j'ai peur...* In the previous paragraph, Laye's father has spoken of him as his heir, to whom everything will one day be explained; now, he introduces the first note of doubt, 'que tu ne me fréquentes jamais assez'. Note that the cause of this alienation is his education.
un trouble inexprimable The child clearly states the dilemma for the first time—to continue at school or to join his father in the workshop.

où était ma voie? The child is face to face with his dilemma. The same question is repeated on other occasions.

la case de ma mère The child shared his mother's hut until after circumcision.

34 *elle ressentait fortement...* Suggests the extremely close ties between mother and son.

c'était comme une conversation The child describes the mysterious affinity between his father and the snake and wonders whether he will ever achieve the same relationship. Note again that he explains his inability to understand the mystery in the simple phrase: 'Mais non: je continuais d'aller à l'école!' In Lawrence's poem, there is the same idea that modern education is the obstacle to understanding the message of the snake:

> The voice of my education said to me
> He must be killed....

And after he has rejected the snake, he says:

> I despised myself and the voices of my accursed human education.

CHAPTER 2
The goldsmith's work – rites and customs

36 *un griot* A professional praise-singer.

Siguiri Small town on the Niger, north of Kouroussa.

la fête du Ramadan The Muslim month of fasting.

la Tabaski Another Muslim feast.

cora Native instrument similar to the harp.

37 *un grand arbre généalogique* Cf. genealogies given in the Bible.

notre tradition orale In the absence of books and when most of the people were illiterate, history and tradition were handed on by word of mouth. It was extremely important for this oral tradition to be kept alive and it was part of the 'griot's' job to do this (lines 15/16).

38 *un génie vif et impitoyable* For the African, fire is one of the most important spirits, with a life of its own.

39 *incantations* His father was in communion with the spirits of fire, gold and wind.

les fondamentaux These spirits are among the most important, especially for the goldsmith's work.

une opération magique As indicated in the Introduction, the goldsmith's work was far more than a simple technical task.

40 *il n'y a point de travail qui dépasse celui de l'or* Cf. Introduction (p. 2) on the importance of the goldsmith.

beurre de karité Galam butter.

41 *ces incantations*... Further evidence of the supernatural nature of the operation. Only his father, as a sort of high priest, could speak the necessary words.

le secret...mais c'est aussi... Laye gives a more logical explanation of the goldsmith's importance.

42 *se purifier*... Further ritual for the goldsmith's work. The mystery of his father's foreknowledge of the work to be done is attributed to a warning from the snake and Laye can give no explanation of this.

intransigeant dans son respect des rites A further characteristic of his father. Cf. the strict observation of Muslim custom by his uncle Mamadou.

43 *le thuriféraire* 'thurifer', praise-singer.

44 *troubadours de jadis* An indication of Laye's French education.

des noix de kola Kola nuts are offered to guests on all occasions and are a sign of hospitality and courtesy. This custom is still observed in most West African countries, e.g. Nigeria.

45 *chalumeau* 'blowpipe'.

CHAPTER 3

Visit to Tindican – grandmother and uncles – contrast between town and country life

46 *on ne parle guère des défunts* It is contrary to tradition to speak of the dead. The explanation given here is purely human. Cf. p. 166, after the death of Check, 'on ne doit pas appeler les morts à voix haute'.

47 *'merveilles'* The 'marvels' here have nothing to do with the supernatural but imply simply country sights which are strange to the town boy.

la savane 'savannah', open grass country.

un kapokier A Kapok tree.

un néré Indigenous tree.

48 *j'avais peur*... The African town boy feels the same fear of cattle as a European town child.

mon oncle me racontait... The same folk-tales based on animals, usually in the form of a fable with a moral, rather like Aesop's fables, recur throughout Africa, with slight modifications in different regions.

49 *Nous avons marché comme des tortues et...un lièvre* The reference is to the universally known fable of the tortoise and the hare.

50 *le chef de canton* In French West Africa, the equivalent of a District Officer.

les greniers à riz et à mil, à manioc et à arachides, à gombo These are the main crops grown in the upper plain—rice, millet, cassava, groundnuts, okra.

52 *la case de ma grand-mère* At Tindican Laye slept in his grandmother's hut, his grandmother taking the place of his mother, see note, p. 33.

53 *savon noir* 'black soap'.
une éponge de filasse A sponge of tow made from the dried stems of pulpy plants.
ma fronde 'catapult'.

54 *miradors* Small raised platforms used as lookout posts.
le martinet 'the whip'.
les mange-mil Birds called millet-eaters.
mes petits compagnons... This paragraph demonstrates the mutual admiration and envy felt by children from different backgrounds.
mes habits d'écolier Khaki shirt and shorts.

55 *les mulots* 'field mice'.

56 *ce mutisme des choses...* His uncle Lansana is an example of the rather silent, thoughtful countryman who lives in close affinity with his land and with nature.

57 *des histoires...* Story-telling plays an important part in African life, cf. pp. 48, 49.
tam-tam Tom-tom or native drum used on special occasions, or to pass on messages (cf. p. 58); the tom-tom gives the signal for the harvesting to begin.

CHAPTER 4
The rice harvest – customs

58 *la bonne volonté du ciel* The logical explanation is given first—the date of the rice harvest depended on the weather.
la volonté des génies du sol The 'mysterious' explanation follows, involving the spirits of the earth, which must be consulted and whose protection must be solicited on behalf of the harvesters.
javelle 'swathe'.
prémices 'first sheaf'.
Tel était l'usage... A good example of what Laye feels has been lost by his education. When he was present he was too young to understand the custom; when he was old enough, he was no longer there. Notice the absence of long and sentimental discussion—he says simply, 'Je n'étais plus en Afrique'.
J'incline à croire aujourd'hui Laye attempts to find a logical explanation.

181

59 *il arrive que l'esprit seul des traditions survive* This is true of many African customs. In others the outward form survives when everybody has forgotten the origin, but it is sufficient that 'tel était l'usage'. Cf. similar remarks concerning the initiation rites.

En décembre... Description of spring turning into summer, 'la belle saison'. Note the poetic artistry of the description; Laye uses short simple phrases, but gives the impression of bursting life, of fullness, of profusion.

61 *sa gargoulette* 'water bottle'.

62 *Je ne crois pas que ce sera jamais ton travail; plus tard...* The feeling of foreboding that Laye is destined for a different way of life is expressed by his young country uncle (cf. p. 33, the same ideas expressed by his father).

Mais où était ma vie? This is almost a repetition of the question on p. 33 'où était ma voie?'. But Laye seems already to accept that his life was neither in the fields nor in the smithy. Note again that the determining factor seems to be 'l'école'.

63 *la douceur, l'immense, l'infinie douceur de leurs yeux...* A delicate description of the effect of song on the African. It is almost as if the music puts them in touch with the hidden world of the supernatural.

64 *ils étaient ensemble!* Note the insistence on community life and work, which most writers consider characteristic of African civilisation.

j'étais avec eux...et je n'étais pas entièrement avec eux Laye feels the inescapable feeling of apartness and alienation. Again, the explanation, 'je n'étais qu'un écolier en visite'.

65 *l'idée de rusticité* Not only Europeans but also town-dwelling Africans tend to despise country people as uncivilised. Laye feels that they are nearer to true civilisation.

couscous A kind of highly seasoned stew which is the commonest dish in Guinea.

66 *on ne doit ni siffler ni ramasser du bois mort* Further customs connected with the rice harvest.

fromagers 'silk-cotton trees'.

les génies nous avaient constamment secondés Everybody believed that the success of the harvest and the absence of serious accidents was due to the spirits.

CHAPTER 5

Daily life at Kouroussa – his mother – witchcraft – totems

67 *c'est l'habitude de sevrer très tard* African children are seldom weaned before they are at least one year old.

Les plus jeunes... The uncircumcised boys had no right to individual huts.

ma mère... Character sketch of his mother.

68 *canari* 'earthen water pot'.

69 *ma mère, par le seul fait de sa présence* Indicates the importance of his mother's influence.

70 *le rôle de la femme africaine* See Introduction on the importance of the African woman as mother.

71 *pouvoirs qu'elle détenait* Laye says in the next paragraph that his mother seemed to be nearest to the hidden mysteries.

quand il m'arrive aujourd'hui... The attitude of the educated adult is, he admits, sceptical.

N'y a-t-il pas partout des choses qu'on n'explique pas? Laye suggests that mysteries are not peculiar to Africa.

72 *je dis fidèlement...* Laye admits the impossibility of belief but insists that he is faithfully recording what he saw. This is the basis of the Mystery.

frères jumeaux Many African tribes have beliefs about the unusual powers of twins; some consider them to be bewitched and have them killed.

73 *former son jugement* Laye gives a logical explanation of the superior ability of his mother.

son don de sorcellerie... He explains the limits of his mother's powers; she could only counteract evil and not engage in spells herself.

un don de sorcellerie dont il n'y avait rien à craindre There are usually two forms of witchcraft—good and bad.

74 *les pouvoirs habituels de cette caste* The smiths had certain hereditary functions and powers; to be circumcisers, soothsayers, etc.

son totem, qui est le crocodile Each family had a totem, usually an animal, with which it had a special relationship. Cf. p. 75, 'il y a identité entre le totem et son possesseur'.

guéable 'fordable'.

75 *Ces prodiges...* This paragraph is perhaps the clearest statement of Laye's nostalgia and his regret at the speed of change.

CHAPTER 6

Schooldays

76 *l'école coranique* Koran school run by Muslim religious teacher.
l'école française Primary school run by the French administration, in which the medium of instruction was French.
peut-être déjà mon père le savait-il... Indicates the foresight of his father.
raphia Plaited straw.
lazzi Calling each other rude names.

78 *l'étude était chose sérieuse, passionnante* Most African children are passionately keen to learn.

79 *goyaviers* 'guava trees'.
Ce gardiennage... This paragraph shows Laye at his best in realistic and humorous description.

82 *l'escarcelle* 'purse', 'money-bag'.
un sens qui n'est pas le nôtre... Laye stresses the African desire for independence and equality.

83 *un gésier* 'gizzard'.

84 *pisé* Beaten earth made into a kind of cement.

85 *chicotte* 'cattle whip'.

90 *moto-bécane* 'auto-cycle'.

CHAPTER 7

Initiation ceremonies

91 *le Ramadan* See note p. 36.
balaphoniers Players of the balafon, a native instrument.

92 *coros* Musical instruments.
pirogues Dugout canoes.

95 *lieu sacré* Most villages and towns have special places dedicated to certain ceremonies. The reason for the choice of the place is no longer known. Note Laye's reference to 'ce passé que je n'ai pas connu'.
hourvari 'uproar' (slang).

96 *la conjonction du silence et de la nuit* Darkness and silence are full of fears for the average African.

98 *sabbat* Cf. the idea of a witches' sabbath.

102 *Eh bien c'est l'usage* Indicates his father's respect for custom, even when the custom seems pointless in the eyes of his mother.
Plus tard... The logical explanation of the night of Kondén Diara is given only after circumcision.

184

103 *cette seconde vie* The Muslim believes that circumcision is like a rebirth to a new and fuller life—cf. the Christian idea of confirmation and first communion.

nous respectons le secret The respect for custom and the belief in its value is universal.

C'est enfantin Laye admits that the device is childish but he believes it has a value as a test of courage for the children.

104 *Je n'en ai, pour ma part, point obtenu une explication parfaite...* Cf. p. 58, where he says the same thing about the customs of the rice harvest.

105 *Je n'ignore pas...* Cf. p. 103. Laye again admits that the ceremony must seem ridiculous but he believes in the value of the test it provides—'l'épreuve de la peur'.

Avons-nous encore des secrets! A nostalgic expression of regret for the disappearance of traditional customs and the speed of change.

CHAPTER 8

Circumcision

106 *dans toute l'acception du mot* Explains the meaning of circumcision.

108 *boubou* See p. 26.

calot 'skull-cap'.

elle avait quasiment la même importance pour chacun... Indicates the importance of the community, who all feel involved in the ceremony.

109 *un pouvoir presque irrésistible* Indicates the compelling effect of the tom-tom and the inherent love of dancing.

foulard Headscarf worn by African women.

111 *une houe* A hoe, the symbol of the farmer.

un cahier et un stylo Symbols to indicate that Laye is a student. Note that he is embarrassed. Once again his education separates him from the others.

112 *une occupation qui, à ses yeux, passait celles du cultivateur ou de l'artisan* Suggests the great respect which the ordinary African has for education.

116 *Mais le tam-tam nous soutenait, le tam-tam nous entraînait!* A further indication of the almost hypnotic power of the drums.

un Malinké de plus est né Laye belonged to the Malinké tribe.

118 *apitoyés* Indicates the ready human sympathy and sensitivity to the feelings of others which Laye considers characteristic of African civilisation.

120 *des gardes-malades* See preceding note.

121 *les incantations qui guérissent* As with the ceremony of the gold, it is necessary to call on the help of the spirits.

L'interdit tend simplement... Laye gives the logical explanation and says that there is no mystery.

L'enseignement... The teaching given is simply instruction in the manners and behaviour of a civilised human being.

122 *La coutume est telle* Again Laye insists that one should not seek to explain or defy custom.

123 *Trois semaines! Jamais encore*... Indicates the close attachment between mother and son and anticipates later and longer separations.

124 *A présent, il y avait cette distance entre ma mère et moi : l'homme!* After the very close attachment between mother and son referred to above, the child now finds himself separated from his mother by the barrier of his manhood. This is the first of many separations which his mother has to accept.

cette défense absurde Absurd in the eyes of the child, and perhaps of the mother.

On ne doit pas parler ouvertement... Again superstition forbids discussion of the secret mysteries; cf. the ban on talking of the dead.

125 *très droite, très digne* Characteristics of mother.

127 *exceptionnellement pour moi* Again Laye is set apart from the others; the reason 'j'étais écolier'.

ta case The young man now has a right to his own hut.

Satisfait?... Thinking aloud. Note the repetition of the word 'satisfait' and the unfinished sentences which introduce an element of doubt.

CHAPTER 9
Departure for Conakry – journey to the coast – his uncle's family

128 *pour ma mère, c'était une terre inconnue* Cf. Introduction (p. 2) concerning the distance between Kouroussa and Conakry.

ignames 'yams'.

patates 'sweet potatoes'.

marabouts Muslim fortune-tellers or soothsayers.

l'assistance de ses ancêtres A form of ancestor worship.

féticheurs 'witch-doctors'.

129 *Est-ce que la vie était ainsi faite*... The child begins to realise that there is always a price to be paid.

l'eau destinée à développer l'intelligence A kind of magic water which is believed to stimulate the intelligence.

130 *Kankan* Holy town of the Muslims of Upper Guinea.

talismans Charms to protect him against evil spirits.

je prenais congé de mon passé même The beginning of the feeling of being uprooted and alienated from his past.

131 *Tu sais bien que tu dois partir* His father accepts the inevitability of his departure.

132 *les Syriens* 'Syrians'—the class of immigrant traders who controlled most of the retail trade in West Africa.

déjà j'étais seul His education has already set him apart from his friends.

133 *c'eût été aller contre les usages* Even when he is most upset he continues to respect the customs.

134 *que le train eût du retard...* Cf. p. 127. Process of thinking aloud involving repetition of the same word to express his emotion.

135 *le peul* The language of the tribe inhabiting the Fouta-Djallon massif.

136 *je regardais et cette fois...* Poetic description of the mountainous region.

137 *le soussou* Dialect of Conakry and the coastal region.

le pittoresque n'était plus le même Description of the coastal region.

138 *une maison européenne* At Conakry, educated Africans with responsible jobs, like his uncle, inhabit European-type houses.

j'étais déchiré The feeling of duality and of being uprooted.

139 *Je visitai la ville...* Description of Conakry. Note the differences of climate.

charmille A group of shade trees.

Et puis je vis la mer! To introduce the description of his first sight of the sea, Laye uses a short simple sentence to give the effect of the shock felt by the boy.

141 *École normale* French college for teacher training.

Il était musulman His uncle Mamadou typifies the strict, orthodox Muslim.

143 *manœuvres* 'unskilled workmen'.

144 *contremaîtres* 'foremen'.

écoles de Dakar The institutions for higher education for the whole of French West Africa were in Dakar.

carrière de gratte-papier 'white-collar' job.

145 *cette ville dont l'esprit m'était étranger* The up-country boy already feels a stranger in his own country. This anticipates the enormous break involved when he goes to France.

CHAPTER 10

Second year at Conakry – Marie

147   *ces années d'exil* He regards the years spent in Conakry as exile, not only those in France.

148   *métisse* 'half-caste'.

      la tunique guinéenne Long, loose dress worn by Guinean women.

149   *Mme Camara n° 3!* Camara is the family name.

150   *la tambouille* 'mess'.

      notre respect des règles Men and women do not normally eat together (cf. p. 69, his mother, although she supervises the meal, does not take part in it).

151   *la danse dans le sang* Cf. previous references to the African love of dancing. Note the disapproval of the European style of dancing.

      Marie m'aimait... In this paragraph his schoolboy friendship with Marie is analysed with great sensitivity.

152   *une poignante douceur* Laye himself strikes the dominating note of the whole book.

153   *le charme doux-amer des choses à jamais enfuies* A beautiful expression of the pleasure he derives from his memories.

155   *ce terrible rideau de pluie de Conakry* Laye, rather unusually, uses a metaphor to describe the heavy tropical rain of the coastal area.

156   *que j'étais spécialement superstitieux à l'époque?* Laye does not regard his action as superstitious but simply as something that any devout Muslim would have done.

      je croyais... He sums up the Muslim belief in predestination which at the same time requires personal effort.

CHAPTER 11

Holidays at Kouroussa – friends – adolescence – death of Check

158   *un aspect qui la rapprochait de l'Europe* Even his mother, who is opposed to his departure, makes this concession to the general ambition to rise to European standards.

164   *guérisseurs* Native doctors.

      nous avions maintenant passé trop d'années à l'école Here Laye suggests that not only he himself, but also his friends, had lost confidence in traditional cures owing to their education.

166   *on ne doit pas appeler les morts à voix haute!* Further evidence of awe and respect of the dead.

CHAPTER 12

Departure for France

170 *c'est une chose à laquelle j'ai souvent pensé* His father explains, in rather beautiful language, that he has always foreseen this departure, since Laye's first day at school.

Chacun suit son destin, mon petit; les hommes n'y peuvent rien changer Cf. belief in fate expressed by Laye himself, p. 156.

on aura besoin ici sous peu d'hommes comme toi... His father looks forward to independence when the country will need educated men.

172 *le pilon tomber dans le mortier* The millet is pounded into paste with a kind of pestle and mortar. With considerable artistry, for this final scene with his mother, Laye presents her at the most characteristic occupation of the African woman. Note how she seems to use the pestle to express her emotions, by accelerating the cadence, by dropping it, until she finally breaks down.

173 *je vais vivre ma vie entière loin de mon fils?...* To Laye's mother it is inconceivable that she should live apart from her son. A further illustration of the close ties between mother and son.

ils veulent l'emmener chez eux! 'ils' here refers to the Europeans. Note that this is the first and only reference to the Europeans upsetting the African way of life, and that this is said by his mother in anger.

174 *cet engrenage...* Laye regards his life as an inescapable chain of events, ordered in advance by fate.

mon destin était que je parte! See previous note.

des gens que rien jamais ne satisfait His mother continues wildly to blame the Europeans.

Tu ne dois pas les maudire Laye himself does not blame them. Note that when her anger is expended, she agrees with him, though bitterly.

175 *comme arraché à moi-même!* He feels uprooted for the second time.

Je ne sais pas, dis-je. Je ne crois pas These last sentences give the idea that he is leaving against his will, but in obedience to something stronger than himself.